곽영훈

MIT 건축학과와 동 대학원을 졸업한 뒤 하버드대학교 대학원에서 정책학과 교육학을 공부하고, 동국대학교 대학원에서 교육학 박사 학위를 받았다.

'사람과환경그룹'을 설립해 1970년대부터 오늘까지 국가발전 정책과 환경설계를 계획·구상해왔으며 서울올림픽, 대전엑스포 등 굵직굵직한 글로벌 이벤트를 유치하고 준비하는 프로젝트들에서 큰 역할을 맡았다.

어린 시절 한국전쟁을 경험한 그는 'WCO(세계시민기구)'의 대표로서 세계 평화 운동에 앞장서고 있다. 유엔 한국협회 부회장, (사)참행복나눔운동본부 공동대표로도 활동 중이며, 태권도 9단(전 한국태권도협회 이사)으로 태권도의 세계화를 이끌고 있기도 하다. 이 책은 그의 생과 업을 국내에 소개하는 책이다.

김광수

서울대학교 철학과 졸업 후 캘리포니아대학교(산타바바라) 철학과에서 석사 및 박사 학위를 받았다. 한신대학교 철학과 교수, 철학연구회 회장, 생활철학 계간지 〈철학과현실〉 고문 등을 역임했으며 주요 저서로 《논리와 비판적 사고》《둥근 사각형의 꿈》《마음의 철학》《철학하는 인간》 등이 있다. 〈붉은 뺨을 찾습니다〉 등의 마당극을 집필·연출하기도 했다.

KB015046

한강의 기적
그 꿈의 대장정

한강의 기적 그 꿈의 대장정

한반도의 지도를 바꾼 정책건축가 곽영훈

1판 1쇄 인쇄 2021. 11. 26.
1판 1쇄 발행 2021. 12. 3.

지은이 곽영훈·김광수

발행인 고세규
편집 박완희·심성미 디자인 박주희 마케팅 백미숙 홍보 이한솔
발행처 김영사
등록 1979년 5월 17일(제406-2003-036호)
주소 경기도 파주시 문발로 197(문발동) 우편번호 10881
전화 마케팅부 031)955-3100, 편집부 031)955-3200, 팩스 031)955-3111

값은 뒤표지에 있습니다.
ISBN 978-89-349-2347-3 03300

홈페이지 www.gimmyoung.com   블로그 blog.naver.com/gybook
인스타그램 instagram.com/gimmyoung   이메일 bestbook@gimmyoung.com

좋은 독자가 좋은 책을 만듭니다.
김영사는 독자 여러분의 의견에 항상 귀 기울이고 있습니다.

한반도의
지도를 바꾼
정책건축가
곽영훈

한강의 기적
그 꿈의 대장정

곽영훈 · 김광수 지음

서 울 올 림 픽
대 전 엑 스 포
여 수 SRMF
대 학 로
서 울 지 하 철
한 강 공 원
대 덕 연 구 단 지
인 천 공 항
KTX 계획 · 설계

김영사

나의 60년 지기 곽영훈 박사는 지난 50년간 최적의 시기, 최적의 장소에 글로벌 이벤트와 공공 인프라를 기획해왔다. 그는 실로 미래를 보고, 나라를 보고, 세계를 본다. 백년대계를 꿈꾸며 일평생 국가발전을 위해 일해온 그를 보면 늘 존경심이 든다.

반기문(전 유엔 사무총장)

곽영훈 선생은 'Architect(건축가)'라는 단어의 어원을 떠올리게 하는 사람이다. 고대 유럽에서 'arkhi(으뜸)'와 'tekton(짓다)'의 합성어인 'architectus'는 모든 지식을 총괄하는 가장 창조적인 사람을 뜻했다. 진정한 의미의 Architect인 그에게 한반도는 너무도 좁은 무대였다.

승효상(건축가)

한강공원이 없는 서울을 상상해보았는가? 한강공원의 풍경을 보고 있으면 이제 우리나라도 살기 좋은 나라가 되었구나 싶다. 한국은 어떻게 이렇게 빨리 원조를 받는 나라에서 원조를 하는 나라로 성장했을까? 나는 그 이유를 곽영훈 박사 같은 사람에게서 찾는다.

최불암(방송인)

우리나라의 올림픽 개최 스토리에 등장하는 수많은 사람 가운데, 곽영훈 박사에게는 남다른 무언가가 있다. 그는 장기적인 안목과 탁월한 설득력으로 국경을 초월한 인적 네트워크를 형성해왔다. 그의 선견지명과 무한동력은 다음 세대에도 가치 있는 교범이 될 것이다.

김진선 (평창동계올림픽 조직위원장)

곽영훈 박사는 전 인류가 상생하는 지구촌 건설이라는 꿈을 품고 건축가로서, 공공정책 기획가로서, 평화 운동가로서 세계 곳곳을 돌아다녔다. 그가 지나간 길 위에 남은 흔적들이 그가 탁월한 '세계시민'임을 증명한다.

이삼열 (유네스코 한국위원회 사무총장)

우리나라가 '한강의 기적'이라 불리는 급속 성장을 하기까지, 곽영훈 박사는 건축 분야에서 기념비적인 역할을 했다. 전국 어디든 그의 손길이 닿지 않은 곳이 없다 해도 과언이 아니다. 그의 철학과 일하는 방식은 모든 이에게 좋은 자극이 될 것이다.

정대철 (전 국회의원)

현대의 전문 분야 분류표에는 곽영훈 박사에게 딱 맞는 자리가 없다. 그의 활동 분야가 워낙 다양하기 때문이다. 르네상스 시대에 이상적 인 간형으로 여겨진 '우주적 인간uomo universale'이 곽영훈 박사를 가장 잘 설명하는 수식어가 아닐까 싶다.

손봉호 (서울대 명예교수)

곽영훈 박사는 친숙한 재료들로 독창적인 작품을 창조해내는 예술가 이다. 그는 긍정적인 의미에서 '정치적'이라고 묘사할 수 있는 감성을 지녔다. 이 책을 읽어보면 그가 비범한 인물임을 바로 알게 될 것이다.

임마누엘 페스트라이쉬 (아시아인스티튜트 이사장)

곽영훈 박사의 여수를 향한 관심과 애정은 여수 시장이기 전에 여수 시민의 한 사람으로서 과분할 정도였다. 곽 박사와 함께한 세월 동안 고마운 순간이 참 많았다. 이 책에 담긴 그의 말과 얼, 발자취는 독자들 이 인생행로를 정하는 데 도움을 줄 것이다.

김충석 (전 여수 시장)

언제나 시대를 앞서가는 곽영훈 박사는 보통 사람의 눈에 낮에도 등불을 들고 다니던 괴짜 철학자 디오게네스처럼 보일 수 있다. 이 책을 읽고 나면 사람들이 곽 박사의 진가를 어느 정도 짐작할 수 있으리라 믿는다.

이명현(전 교육부 장관)

평소 곽영훈 박사의 꿈과 구상, 그리고 다방면에 걸친 업적이 세상에 더 잘 알려져 그가 제대로 평가받았으면 하는 안타까움을 품고 있었다. 그래서 대담집 출간 소식을 듣고 진심으로 기뻤다. 이 책을 읽은 사람들이 그가 도달한 지점에서 출발할 수 있기를 바란다.

엄정식(철학자, 서강대 명예교수)

곽영훈 박사는 보이지 않는 곳에서도 최선을 다하는 참된 일꾼이다. 사익을 탐하지 않고 언제나 묵묵히 일해온 대한민국 발전의 숨은 공신이다. 그의 일대기는 꿈을 잃고 방황하는 사람들에게 새로운 삶의 방향을 제시해줄 것이다.

심우경(환경생태공학자, 고려대 명예교수)

무에서 유를 꿈꾸다
: 반세기 전 그린 빅픽처

기적의 설계자
: 두 번의 올림픽, 두 번의 엑스포

3 한반도의 중심을 바로잡다
: 서울 및 수도권 프로젝트

4 한반도의 허리를 구상하다
: 대전 및 중부권 프로젝트

바다를 향해 나아가다
: 여수 및 남해권 프로젝트

희망의 문을 두드리다
: DMZ 및 북한권 프로젝트

이상과 현실의 사이에서
: 도시환경 설계에 대한 생각

그럼에도 다시, 전진
: 다음 세대를 위한 빅픽처

세상의 모든 인공물은 만든 사람 없이 홀로 존재할 수 없다. 그러나 우리는 그 인공물 하나하나를 누가 만들었는지 알려고 하지도 않고 또 굳이 알 필요도 없다고 생각한다. 알지 못해도 아무 문제가 없고, 알아야 할 특별한 이유나 의미가 없기 때문이다. 그렇지만 우리가 꼭 알아야 할 사람들이 있다. 이 책의 주인공 곽영훈 박사 같은 사람이 그렇다.

미국 워싱턴 D.C.의 국립초상화미술관은 미국의 건국과 발전에 공헌한 인물들의 초상화를 전시하고 있다. 전시를 따라가다 보면 17세기에서 현재까지의 미국 역사가 눈앞에 그려진다. 아메리카 원주민, 정치인, 법조인, 기업가, 문인, 예술가, 운동선수, 노벨상 수상자는 물론, 배우, 대중가요 가수, 반전 운동가, 심지어 몽상가와 악당까지 수많은 인물의 초상화가 약력과 함께 전시되어 있다. 이 미술관에 이름을 올린 인물들은 '굳이 알 필요가 없는' 사람들이 아니다. 이들은 미국인이라면 '반드시 알아야 할' 인물로 공인된 사람들이다.

이 미술관의 관람객들은 초상화의 예술적 가치만을 감상하지 않는다. 그들은 미국이라는 신생 국가가 세계 최강국이 된 것이 우연이 아니라는 것을 확인하게 된다. 전시된 인물들의 꿈, 지혜, 용기, 희생이 국가발전의 초석이 되었다는 사실에 감동하며, 새삼스럽게 자신의 삶을 성찰하게 된다. 그곳은 단순한 미술관이 아니라 마음을 닦고 새로운 삶을 꿈꾸게 하는 구도求道의 공간인 것이다.

나는 그곳을 관람하면서 우리나라에도 이런 초상화 미술관이 있으면 좋겠다고 생각했다. 거기서 대한민국의 건설에 이바지한 인물들을 만나고 싶었다. 흔히 어느 대통령의 공으로 우리나라가 경제적으로 선진국에 진입했다고 말한다. 물론 그 대통령이 한 역할이 컸을 것이다. 그러나 이 말은 그 대통령 외에 국가발전을 위해 헌신한 많은 인물을 덮어버린다. 이건 아니다. 우리나라에 초상화 미술관이 생긴다면, 거기에서 우리는 권력자와 재벌가 외에 대한민국 경제 선진화에 공헌한, 우리가 미처 알지 못한 많은 인물을 만날 수 있을 것이다. 그리고 그들 중에서 두드러진 인물을 들라면 나는 곽영훈 박사를 꼽을 것이다.

내가 곽영훈 박사를 처음 알게 된 것은 2002년 그가 내가 연출한 마당극 〈붉은 뺨을 찾습니다〉에 배우로 참여하면서였다(초상화 박물관이 있었더라면, 좀더 빨리 그를 알 수 있었을 것이다). 부끄러운 일을 하고도 얼굴을 붉힐 줄 모르는 세태를 '가지고 노는' 풍자극이었는데, 출연진은 전문 배우가 아닌 교수, 종교인, 변호사 등 순수한 아마추어들이었다. 철학자이며 개신교 지도자인 손봉호 교수에게는 사기꾼, 강지원 검사에게는 조직 폭력배 두목, 모 여교수에게는 술집 작부라는 악역을 맡긴 반면, 건축가인 곽 박사에게는 붉은 뺨을 찾는 '부름꾼'이라는 '착한' 역을 맡겼다.

그 이유가 있었다. 그는 아무래도 무대 위에서도 망가지지 않으려는 사람으로 보였던 것이다. 그때 나의 판단은 옳았다. 그렇다. 그는 언제나 진지했고, 몽상가처럼 꿈을 꾸었고, 한 번 마이크를 잡으면 놓을 줄 모를 정도로 하고 싶은 말이 많았고, 백색 거짓말을 할 줄도 남의 청을 거절할 줄도 몰랐으며, 어린애처럼 순수했고, 무대 위에서까지도 그러길 원하는 사람으로 보였다.

그의 연구실 '집현비전'에는 과거와 현재와 미래가 함께 있다. 각종 지도와 설계도들이 이미 이루어진 프로젝트, 현재 진행 중인 프로젝트, 그리고 앞으로 수행할 프로젝트를 보여준다. 지도들만 봐도 입이 벌어진다.

더 놀라운 것은 곽 박사의 기억력이다. 지도를 짚어가며 몇

십 년 전 일화를 어제 있던 일처럼 이야기하는데, 등장인물의 이름을 말할 것도 없고 몇 년 몇 월 며칠의 일인지까지 메모를 보며 말하듯 쏟아낸다. 당시의 분위기, 자신이 들었던 말들을 생중계하듯 설명하는 그를 보면서, 나는 그의 블랙박스 안에 참으로 많은 것이 들어 있다고 생각했다.

이 책을 만들며 좀처럼 아이디어가 떠오르지 않는 점이 있었는데, 바로 곽 박사의 직업을 무엇으로 소개하는가였다. '도시환경 설계·건축가'로는 부족하다. 그가 국토개발정책도 기획했기 때문이다. 그는 유엔 한국협회 부회장이고, 아름다운학교운동본부의 설립자이다. 또한, 경제정의실천시민연합 등 여러 시민단체에서 활동하고 있으며, 세계시민기구World Citizens Organization(WCO)의 회장이기도 하다. 곽 박사의 활동 폭이 매우 넓기에 그의 직업을 특정하는 것은 실로 난해한 일이었다.

대담은 주로 WCO의 사택 남산 평화원과 집현비전에서 진행되었다. 식사 중에도, 차 속에서도, 산책길에서도 곽 박사와의 대담은 계속되었다. 재미있는 것은 우리의 대화가 곧잘 길을 잃기도 했다는 것이다. 그는 정쟁만 일삼는 정치인들을 비판하고, 민심을 호도하는 정치 평론가들을 나무라고, 가짜 뉴스에 휘둘리는 대중을 안타까워하다가, 급기야는 "철학자들은 뭐 하는 겁니까?" 하고 나에게 화살을 돌리곤 했다.

수년 전 곽 박사는 나에게 자신의 자서전 집필을 부탁했었다. 그러나 나는 오랫동안 구상해두었던 책을 쓰고 있었기에 부탁에 응할 수 없었다. 거절하고서도 늘 미안하게 생각하고 있었는데, 그가 자신과 허심탄회하게 대담하여 그것을 책으로 만들자는 제안을 해왔다. 나는 흔쾌히 그의 제안을 수락했다. 이 수락은 과거의 거절이 미안해서가 아닌 다른 이유에서였다. 이 책이 그 이유를 말해줄 것이다.

대담을 진행하는 동안 그의 다양한 업적을 소개하고 찬양하는 것은 나의 의중에 없었다. 나의 관심은 다른 데에 있었다. 어떤 정신의 소유자이기에 그토록 많은 일을 할 수 있었던가? 무엇을 위해 그 프로젝트들을 수행하려 했던가? 어떻게 그것들을 성공적으로 수행할 수 있었는가? 이러한 물음들에 대한 답을 찾는 것이었다. 그래서 독자 여러분에게 당부하고 싶다. 곽 박사가 이루어 놓은 일들만을 보지 말고 어떤 '정신'으로, '왜', 그리고 '어떻게' 그 일들을 했는지를 궁금해하며 이 책을 읽어주기를.

곽 박사의 호는 '우공'이다. 한자로 어떻게 쓰느냐 물었더니, 쓰고 싶은 '우' 자가 너무 많아 한글로만 쓴다고 답했다. 그가 두서없이 한 말을 정리해본다.

"저는 세상을 보다 넓은 시각에서 보기 위해 높이 날아올라가기를 좋아합니다(깃 우羽). 그리고 멀리 내다보고 꿈을 꿉니다

(멀 우迂). 사랑하는 사람들을 위해(벗 우友) 내가 할 수 있는 일은 (도울 우佑) 그들이 행복하게 살 수 있는 삶터를 만드는 것입니다 (집 우宇). 저는 소처럼 일하기를 좋아합니다(소 우牛). 그러나 미련하여(어리석을 우愚) 속상할 일도 생기지만(근심 우憂), 다시(또 우又) 단비가 내려(비 우雨) 새로운 씨를 뿌릴(만날 우遇) 생각에 골몰합니다(헤아릴 우虞)."

플라톤은《국가론》에서 철학적 지혜와 권력을 함께 가진 '철인왕'만이 이상사회를 이룰 수 있다고 주장했다. 그러나 플라톤의 이상사회는 '힘없는 이상'의 역설을 드러낼 따름이다. 철학자는 힘이 없고, 권력자는 철학적 지혜가 없기 때문이다. 그런데 놀랍게도 곽 박사는 권력이 없어도 국가발전을 이룰 수 있음을 몸소 보여주었다. 그는 독재정권이건 민주정권이건 가리지 않고, 여덟 대통령의 힘을 잘 활용해왔다. 지하에 있는 플라톤에게 곽 박사의 지혜를 귀띔해주고 싶다.

대담을 마치면서 서산대사의 〈답설야중거踏雪野中去〉가 생각났다. 백범 김구 선생이 마음을 다잡게 했던 시이다.

답설야중거 踏雪野中去

불수호란행 不須胡亂行

금일아행적 今日我行跡

수작후인정 邃作後人程

눈길을 걸을 때
어지럽게 걷지 말기를
오늘 내가 걸어간 길이
훗날 다른 사람의 이정표가 되리니

곽영훈 박사는 없던 길을 만들며 살아왔고, 그 길은 훗날 다른 사람이 이정표로 삼아 걸어도 좋은 길이다. 이 대담집이 대한민국의 발전을 이끌 제2, 제3의 곽영훈이 등장하는 데 기여할 수 있기를 기대한다.

이 책이 나오기까지 '사람과환경그룹'의 양부열, 김휘영, 그리고 집현비전의 이상준 등이 대담을 기획하고 자료를 제공하는 등 많은 도움을 주었다. 그들의 열정과 헌신에 박수를 보낸다.

이 책의 출판을 기꺼이 수락해주신 김영사에 감사드리고, 거친 원고를 번듯한 책으로 다듬어주신 심성미 팀장과 박완희 편집자에게 고마운 마음을 전한다.

2021년 12월
김광수

무에서 유를 꿈꾸다

: 반세기 전 그린 빅픽처

건축이라는 길을
택한 이유

폐허의 나라에서
건축을 꿈꾸다

김광수 "우물쭈물하다 내 이럴 줄 알았다."라는 말을 들어보셨지요? 극작가 버나드 쇼의 묘비명으로 잘못 알려진 말이죠. 저는 이 말이 보통 사람들의 삶을 잘 보여준다고 생각합니다. 우리는 대개 '그럭저럭' 살아갑니다. 먹고살기 위해 이리저리 휘둘리고 떠밀리다 보면, 어느덧 인생의 황혼기에 와 있는 자신을 발견하게 되지요.

그런데 박사님의 인생에는 '우물쭈물'이나 '그럭저럭' 같은 단어가 낄 자리가 없는 것처럼 보입니다. 어떻게 한 사람이 일평생 그렇게 많은 일을 해낼 수 있는 거죠?

곽영훈 제가 일을 많이 한 것은 사실입니다. 여든을 바라보는 지금도 여전히 '현역'이고요. 그래서 사람들은 제가 성공 success했다고 말합니다. 그렇지만 저는 성공적인successful 삶을 살지는 못했습니다. 뜻하는 대로 되지 않은 일도 많고, 해야 할 일도 아직 많습니다. 저는 그저 일을 좋아하는 일개 건축가입니다.

김광수 박사님께서는 스스로 일개 건축가라며 몸을 낮추시지만, 박사님을 언급하지 않고서는 이른바 '한강의 기적'이라 불리는 대한민국의 발전사를 이야기할 수 없다고 생각합니다. 박사님과 저는 어린 시절 한국전쟁을 온몸으로 겪은 세대이지요. 폐허의 나라에서 태어난 것이 박사님께서 건축의 길을 택하는 데 영향을 미쳤을 듯합니다.

곽영훈 아무래도 그렇지요. 건축가가 되기로 결심했던 때를 더듬어보면, 전쟁 직후 암울한 풍경들이 떠오릅니다.
1958년으로 기억합니다. 당시 중학생이었는데, 본가 대청마루에 앉아 형님과 우리나라 발전을 위해 헌신하는 삶을 살자고 결의했습니다. 그 방법론으로 형님은 통일헌법 같은 정책을 만들고, 저는 남북한이 화합할 수 있는 도시를

DMZ 근처에 만들기로 약속했습니다. 형님은 '삶의 틀'을, 저는 '삶의 터'를 꿈꾼 셈이지요.

김광수 그런데 왜 하필 건축이었습니까? 나라를 위해 할 수 있는 일은 그것 말고도 많은데 말입니다.

곽영훈 사람마다 자기 나름의 적성과 능력이 있다고 생각하는데요. 저는 지리에 관심이 많았습니다. 학창 시절 지구본을 돌려가며 세계 여러 나라의 위치를 확인하고 수도 이름을 외우는 게 취미였습니다. 문명의 탄생과 전파 과정을 다룬 책들도 좋아했고요.

그러던 어느 날 도시환경 설계·건축 분야를 알게 됐습니다. 제가 좋아하는 지리를 비롯해 공학, 미학, 정치학, 조경학, 교육학 등 거의 모든 학문을 아우른다는 점, 그리고 무엇보다도 우리나라 경제 발전에 필요한 인프라를 확충할 방법을 배울 수 있다는 점에 매료되었습니다.

최고의 교육을 찾아
미국으로

곽영훈   형님에게 어느 대학의 건축학과가 세계에서 가장 인정받
는지 물었더니 MIT라고 답해주시더군요. 그러나 우리 집
안 형편에 미국 유학은 언감생심이었지요.

김광수   그렇지만 결국엔 고등학교 졸업 직후 MIT 건축학과에
입학하셨습니다. 국내 대학을 다니기도 쉽지 않던 시대에
말입니다. 국내 대학은 시시하셨습니까?

곽영훈   시시하다니요. 운명론자는 아니지만, 저는 미국 유학을 가
지 않을 수 없는 운명이었습니다. 그 이유는 2가지입니다.
첫째는 고등학생 때 한 달 동안 '미국'이라는 더 넓은 세
상을 본 것입니다. 경기고등학교 3학년이던 1962년 미
국적십자사와 백악관이 공동 주관한 국제학생교류 프
로그램인 '청소년적십자사 국제대회Operation VISTA(이하
VISTA)'에 한국 대표로 뽑혀 미국에 다녀왔는데요. 그때
'선진국'인 미국의 발전상에 눈이 번쩍 뜨이고, 우리나라
를 미국 못지않게 발전시키고 싶다는 목표가 생겼습니다.

그러자면 미국 본토에서 공부도 하고 살아보기도 해야겠다고 생각했습니다.

둘째는 제가 어차피 국내에서 대학을 다닐 수 없는 신세였다는 점입니다. 반정부 인사로 찍혔거든요. 사연은 이렇습니다. VISTA가 끝나고 귀국하여 평소처럼 등교했더니 교장이 박정희 국가재건최고회의 의장의 은사로 바뀌어 있고, 갑작스러운 '낙하산 인사'에 반발한 학생들이 시위를 벌여 학교가 발칵 뒤집혀 있었습니다. 저는 총학생회 대의원 의장이라는 이유만으로 주동자로 몰려 영문도 모른 채 무기정학을 당했습니다. 졸업장은 주겠으니 학교에 나오지 말라고 하여 졸업할 때까지 학교에 못 나갔지요. 그 대신 유학 준비를 했습니다.

김광수 본의 아니게 망명길에 오른 셈이었군요.

곽영훈 (웃음) 그런 셈입니다. 수중에는 200달러가 전부였지요.

김광수 바라고 바랐던 유학길이 설레면서도 막막하셨을 것 같습니다. 고등학교 졸업 직후 미국 대학에서 공부한다는 게 쉽지 않았을 듯합니다. 유학생들은 언어 문제로 고생하고, 문화 충격과 향수병까지 겪기 마련인데, 그런 문제는 없었습니까?

곽영훈 　전혀 없었습니다. 새로운 것들을 배우고 흡수하는 데 집중하느라 딴생각을 할 겨를이 없었거든요. 언어 문제는 유학 전부터 영어 공부를 열심히 해둔 덕분에 그런대로 극복할 수 있었습니다.

유학 생활은 제 인생에서 아주 재미있고 유익한 기간이었습니다. 공부도 하고, 미국 전역과 유럽으로 여행도 다니고, 돈을 벌기 위해 태권도장에서 사범 일도 했었지요.

김광수 　미국에는 몇 년 동안 계셨습니까?

곽영훈 　10년 정도 있었지요. 공부를 마치고 세계 최고의 조경회사 SDDA에서 조경설계 실무를 익히다 귀국했을 때가 딱 서른이었습니다.

김광수 　10년이면 강산도 변한다는 오랜 기간이었군요. 공부를 많이 하셨겠습니다.

VOLUME 257 · NUMBER 54

80 pages
50 cents

The Boston Globe

CALL OF THE WILD
Today: Snow sun, upper 30s
Tomorrow: Mostly cloudy 30s
High tide 1:05 a.m., 1:16 p.m.
Full report, Page B8

Advice   C2-3
Literary Life C4
Perspectives   C4
Book Review   C5

Living|Arts

C

THE BOSTON GLOBE • WEDNESDAY, FEBRUARY 23, 2000

ALEX BEAM

Just how low can media go in race to the bottom?

Two years ago during the Winter Olympics, Washington Post critic Tom Shales decried CBS's decision to interrupt Seiji Ozawa's historic worldwide broadcast of Beethoven's "Ode to Joy" with commercials and feel-good interviews. "TV," Shales wrote, "had hit a new low."

That was then. Just last week, Fox TV one-upped CBS with its remarkable "Who Wants to Marry a Multimillionaire?" in which 50 bachelorettes vied for the hand of a San Diego comedian/real estate developer named Rick Rockwell. With its insidious peep-show format, consummated in a plastic Las Vegas marriage, "WWTMAM?" was the most degrading and voyeuristic spectacle I've ever seen. Even for Fox, the channel that brought us "When Animals Attack" and "When Good Pets Go Bad," it was a new low.

If the late-20th and still aborning 21st centuries have taught us anything, it is never to assume that we have touched the bottom of the barrel. With Rupert Murdoch, Bill Clinton, and Jerry Springer gaily pulling the hose, we are sluicing an ongoing cultural limbo rock, plumbing new lows on an almost daily basis. Now the "new low" is a purely transitional gauge, like those pencil marks you make of your children's height on the door frame.

Less than a year ago, for instance, the Washington Post opined that the institution of marriage had hit a new low in the United States. But who could have foreseen last week's Rick Rockwell-Darva Conger nuptials? Her friends say she's nice, but one of his former fiancees apparently took out a restraining order against him nine years ago. What Fox Television and the Las Vegas Hilton have put together shall no doubt be quickly met asunder.

It was roughly this time last year that Time magazine's movie critic Richard Corliss wrote that Hollywood had "hit a new low" by reissuing "The Mod Squad," which he called "a quirky misfide note" for a directorial career. But what was the previous low? Corliss thought it was Sandra Bullock's "Forces of Nature," which preceded "Mod Squad" by only a few weeks. Another reviewer called the 1987 Tom Everett Scott-Julie Delpy clinker "An American Werewolf in Paris" "a new low." One can only wonder: Have they seen "Magnolia"?

Indeed, a serious problem with subjudging new lows is: What happened to the old low? The Independent newspaper in London told its readers that US-Chinese relations have recently hit a "new low," in the wake of the Clinton fund-raising scandal and the espionage allegations at the Los Alamos nuclear laboratory. Relations may indeed be strained, but roughly 50 years ago American and Chinese soldiers were killing each other on the Korean peninsula. By comparison, you'd have to say the current new low seems like quite a high.

The opening months of this political season have disappointed bottom-fishers like myself. But new patience is being rewarded. Rep. Bill Bradley vs. Al Gore still looks like an Ivy League pillow fight, but George Bush vs. John McCain may have embarked on the proverbial race to the bottom. Just last week, a Bush supporter circulated an e-mail suggesting that Senator McCain has fathered illegitimate children. I'm sure we'll slip underneath that tawdry episode soon enough.

The bellwether New York Senate race is already plumbing new lows - with eight months left until election time! Since Methodist Hillary Rodham Clinton is outraged that New York City Mayor Rudy Giuliani has suggested she is anti-religion. If this is a new low, it will soon be underway. Rupert Murdoch's pro-Giuliani New York Post, a journalistic barometer for monitoring low times, is already pounding Clinton below the belt. The Post recently featured an interview with a waitress whom Hillary failed to tip after running up a $7 tab.

What revelation could possibly follow? Hillary doesn't treat after meals? Multimillionaire beatyheart Rick Rockwell has a wife and family in Tijuana? Believe me, we haven't hit bottom, yet.

Alex Beam's e-column is bostonglobe.com.

'A seed of thought, like the seed of a dandelion, goes . . . over the heads of state and then takes hold with the people.' KWAAK YOUNGHOON

Kwaak Younghoon, an internationally known architect cum peace activist, at Harvard, where he's spending the year at the Divinity School. "Whenever I make a place, it is for peace."

'A.P.P.L.E.'

Architect. Planner. Political scientist. Landscape architect. Educator.

By Dick Lehr
GLOBE STAFF

The Korean War was six months old when Kwaak YoungHoon, his mother, and siblings bundled up, left their home, and hurriedly fled south across Seoul's frozen Han River. His father and an older brother had already gone ahead to find a haven.

"We walked and walked," Kwaak recalls about that January of 1951, when he was 8 years old. Two older brothers were expected to follow in a final shift in the family's flight. But the brothers never arrived, detained by North Korean soldiers

lently, just like Korea, was divided, a boy's sheltering sky shattered. "The time was so tumultuous," he says, "fractured."

The war lasted until 1953, one of the bloodiest in history, leaving about a million South Koreans dead, several million homeless, and a nation still divided today. It also propelled Kwaak on a lifelong mission. He and an older brother had relocated about working to repair a nation's damage. "I felt I had to do something about this. I had to study and prepare myself to prevent things like this [occurring] again."

Today Kwaak, 56, is an internationally known architect cum peace activist. In Korea, he was instrumental in bringing the Summer Olympics to Seoul in 1988. He designed the Olympic Park for the games

KWAAK, Page C3

'Reindeer' director seeks authenticity

By Betsy Sherman
GLOBE CORRESPONDENT

John Frankenheimer arrives in Boston to promote his new movie, "Reindeer Games," the day after the Super Bowl. Does the director of the 1977 "Black Sunday" - in which terrorists commandeer the Goodyear blimp in order to attack Super Bowl spectators at Miami's Orange Bowl - still feel a special connection to that particular Sunday each year?

"I've got to tell you, every time I look at one of these things, I think of that Super Bowl," Frankenheimer says with a chuckle. The stadium footage was shot during Super Bowl X, in which the Pittsburgh Steelers beat the Dallas Cowboys. "We weren't watching the game very much. It was a question of getting those shots. Joe Robbie, the owner of the Miami Dolphins, made all that possible for us. That's why I always root for the Dolphins."

The Hollywood veteran, who just turned 70, relaxes in front of a crackling fire in a Boston hotel suite. He's best known for making the 1962 thriller "The Manchurian Candidate," in which an American POW during the Korean War is sent home having been programmed to kill whenever a queen of

FRANKENHEIMER, Page C6

GLOBE STAFF PHOTO / SUZANNE KREITER
John Frankenheimer praises Ben Affleck's and Gary Sinise's performances in "Reindeer Games," an all-American pulp fiction.

Olé! Noche Flamenca comes back

By Debra Cash
GLOBE CORRESPONDENT

Martin Santangelo is a family man in a family business. The scheduled telephone interview to his home in Madrid would have to wait: His 5-year-old daughter, Gabriela, had to be tucked into bed before he would be able to turn his attention to a reporter half a world away.

Santangelo's family focus is not only personally gratifying, it is without a doubt one of his most precious professional assets. As artistic director of Noche Flamenca - which toured up a cold January afternoon last year and returns for three performances of a new repertory this weekend at the Emerson Majestic Theatre - Santangelo is paterfamilias of a troupe that stars his wife, the remarkable Soledad

NOCHE FLAMENCA, Page C5

Soledad Barrio is the star of the Spanish dance company, which is directed by her husband, Martin Santangelo.

C8 THE BOSTON GLOBE • WEDNESDAY, FEBRUARY 23, 2000

Art Review

At Rose, a legacy; and 4 visions, boxed

By Cate McQuaid
GLOBE CORRESPONDENT

VISUAL MEMOIRS:
The Lois Foster Exhibition of Boston Area Artists

STEPHEN ANTONAKOS:
TIME BOXES 2000
With Richard Artschwager, Daniel Burren, Sol LeWitt, and Robert Ryman
At: The Rose Art Museum at Brandeis University, 415 South St., Waltham, through March 12

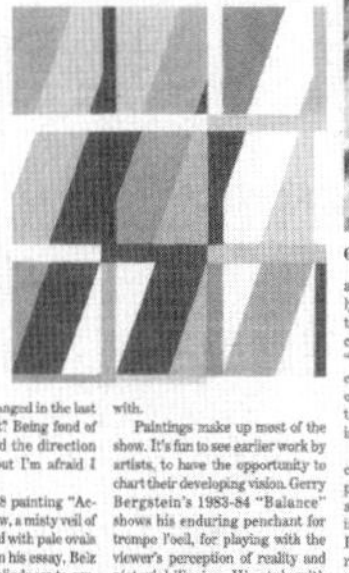

John Thornton's "Portia" (1983) hangs below a representational painting, George Nick's "Sunny Stores, Concord, Mass., December, 1980," that echoes its linear thrust.

Gerry Bergstein's "Balance" (1983-84) plays with our perception.

WALTHAM – As director of the Rose Art Museum at Brandeis, Carl Belz spent nearly 25 years watching and collecting the work of Boston artists. When he signed on at the Rose in 1975, he saw the need to champion local artists, and over the years he watched the community grow and thrive – thanks in no small part to his nurturing. In 1983, he formalized his effort to mount an annual show of local work, as the Lois Foster Exhibition of Boston Area Artists.

Two years ago, Belz was given his pink slip. Local artists decried the dismissal. He was, and is, beloved by the art community. The Lois Foster Exhibition continues, and this year Belz's replacement, Joe Ketner, has graciously invited Belz to curate "Visual Memoirs," a "greatest hits of the collection" exhibition.

Belz has put together a personal show. If you go in cold, without the catalog in hand, or without knowledge of Belz's history and tastes, it will strike you as a random assortment, a selection of quite good paintings that usually have little to do with one another.

It's mounted with skill. One painting often moves cleverly to the next. George Nick's "Sunny Stores, Concord, Mass., December, 1980," vividly representational, hangs above John Thornton's 1983 "Portia," a geometric grid slashed with diagonal bands of earthy color. Look to the sidewalk in front of Nick's storefronts, and you'll see shadows echoing the linear thrust of Thornton's painting.

But it's a tenuous, changing thread that leads from one painting to the next, and the whole adds up not to a tapestry, but to a lot of stray threads. It would be impossible to mount a strong show without a stronger theme. It's best to accept "Visual Memoirs" for what it is: a testament to the talent of New England artists, and to Belz's fine, discerning eye.

Belz's catalog essay, and the delicious tidbits he writes recounting his visual adventures in the studios of the region, make the show. His voice rings in his words; his vision takes shape in the paintings on the walls. He shares a note he wrote to Domingo Barreres in the early '80s:

"Thanks for the slides. The work has really changed in the last few years, hasn't it? Being fond of you, I wish I liked the direction more than I do, but I'm afraid I don't . . ."

Barreres's 1988 painting "Accords" is in this show, a misty veil of off-white, populated with pale ovals and rafts of light. In his essay, Belz admits to his own blindness to surrealist elements in Barreres's earlier work, and chides his quickness to judge. He also admires the deepening fragility in the artist's later work, as in "Accords." Essays like this testify to Belz's honesty and his respect for the artists he worked with.

Paintings make up most of the show. It's fun to see earlier work by artists, to have the opportunity to chart their developing vision. Gerry Bergstein's 1983-84 "Balance" shows his enduring penchant for trompe l'oeil, for playing with the viewer's perception of reality and pictorial illusion. His style with paint hasn't changed much. He still fills his canvas with dozens of points of focus. Yet "Balance" feels more frantic than his recent paintings. Its rhythm beats you up, rather than seducing you in.

The works in the show, strong and varied as they are (Paul Rahilly's Manetesque, 1986 "Figures on the Fenway"; Tina Feingold's luscious, white, crusty 1997-98 "Bleed"; Todd McKie's brilliantly composed 1980 watercolor "Interior With Hot Seat") take a back seat to the man who collected them. He is the glue that adheres them.

Back in 1974, the year Belz came to the Rose, the artist Stephen Antonakos asked each of four artists to put whatever they wanted into an icebox-sized box, and seal it. Richard Artschwager, Daniel Burren, Sol LeWitt, and Robert Ryman all did Antonakos's bidding. The "Time Boxes" are on view now at the Rose in Antonakos's specially designed "Neon Millennium Room," a space washed in blue neon light. Tomorrow, all five artists will come together at Brandeis to open the boxes at a ticketed event.

Part of the allure of the boxes, which are painted white (except Ryman's, which is wrapped in masking tape), is that we don't know what's inside. Because the artists involved are important, we presume that the contents will have some substantive conceptual meaning. Antonakos also exhibits an array of packages mailed to him 30 years ago that he never opened and that he never plans to – a prospect that galls some viewers. What matters isn't what's inside, ultimately; it's that the boxes become repositories for our fantasies of what's inside. They are stand-ins for our own desire.

Desire satisfied is rather a bore. The boxes are more powerful as art objects now than they will be after they are open. Still, it's hard not to wonder what's inside.

An architect's career of building peace

■ KWAAK
Continued from Page C1

GLOBE STAFF PHOTO / SUZANNE KREITER

'Boston made a mistake, now it is healing. Give it time. . . . This occasion is very important, a chance to show even more heart, tolerance, and to find new ways to live together. Don't make another mistake so another generation suffers for it.'

KWAAK YOUNGHOON, *about the Big Dig*

that were attended by North Korea and other Communist countries and gave the viewing world a glimpse of Olympic harmony and augured a greater and broader thaw to come. Within a year, the Berlin Wall fell and then came the sea change of glasnost in the Soviet Union.

He's spending this academic year at Harvard Divinity School, in part promoting his World City Network, an organization working to create "peace" cities around the world, as well as offering his luminous thoughts about Boston's Big Dig.

"He's ahead of his time, but his time is coming," says Harvey Cox, professor at the Divinity School, about the urban planner who has "a wonderful gift for metaphor, a poetic touch."

The war of his youth proved to be what Kwaak likes to call "the seed of thought" behind his goal to blend culture, economy, spirituality, and environment in his designs, a mission, he says, that requires nothing less than an endless amount of "willpower double-helixed with intellectual preparation."

"Willpower, willpower," he says, his hands closing across his chest, as if his heart pounds with the force he says is required to forge a more peaceful world. "You cannot stop moving," he continues, and the picture of a boy's river crossing comes to mind, "Because if you stop, you are dead."

Kwaak is nothing if not prepared. He is an architect, planner, political scientist, landscape architect, and educator. He also has a self-deprecating sense of humor, citing the acronym the list creates. "My son calls me A.P.P.L.E." This year, Kwaak is a fellow at the Harvard Divinity School's Center for the Study of Values in Public Life.

He continues: "Now my son calls me divine A.P.P.L.E."

Even for an interview, his preparation overwhelms. The youthful-looking Kwaak spreads piles of materials across a long conference table at the Divinity School – folders, brochures, maps, diagrams, and his own scribbled musings. It would take days to cover the story he has in mind, a realization that comes to him midway through one of his animated riffs, when he pauses and smiles. "I am rambling."

But his stream of consciousness, like good jazz, is captivating. He runs a leading architectural firm in Seoul, keeps regular company with world leaders, and is fully committed to his vision of a new city for the new century. During his fellowship, he has participated in conferences at which he's talked up his "global peace plan." His wife is with him and their two teenage sons attend boarding schools in the Boston area. A few weeks ago, a leading Korean television station broadcast "The Man Who Opened the Future," a feature about Kwaak's life and work.

"Whenever I make a place, it is for peace," he says. Kwaak created the monument "Unipeace City" in the demilitarized zone between North and South Korea, an emblem for the harmony he hopes will someday involve all of Korea. His ambition is to create a network of world cities whose world citizens are devoted to world peace, places that combine the integrity of their locale with international citizenship.

The cities could be entirely new or reconstituted old ones. Though mystical sounding, World City sites are in various stages in the Sinai Peninsula in Egypt, Subic Bay in the Philippines, Tromso in Norway, and what he calls "Tumen UN City" at the intersection of Russia, China, and North Korea. Last month, he traveled to Nepal on a mission for the United Nations to offer his views on the struggling city of Lumbini.

"They persuaded me," says Kwaak about the UN request, "that I should take this assignment and write a report on why Lumbini has gotten mired in dissension and conflict and has lost its focus and meaning." He hopes Lumbini will go all-world.

"He's a realistic utopian, I think," says Cox. "This isn't just some kind of utopian pipe dream. What really impresses me about Kwaak is that he's doing it."

* * *

Sussing out the Big Dig

Boston, home of the Big Dig, should take note. The city, state, and turnpike officials in charge of – and sometimes quarreling about – the fate of the 26 acres that will be recovered once the Central Artery goes under might well bring Kwaak to the table, if not for actual design input, at least for his contagious and unifying enthusiasm. In addition to peace activist, Kwaak's way with words make him a design poet.

"Why is this here? Why did they do this?" he can remember asking about the Central Artery when he first came to MIT four decades ago and saw a highway cutting off the North End from the rest of the city. When first conceived, he says, projects such as the Central Artery were not about "vision, but division." He shakes his head. "People make mistakes. Smart people make mistakes. Holyoke Center in the middle of Harvard Square is a mistake. The Central Artery was a huge mistake."

To Kwaak, burying the Central Artery becomes much more than a Big Dig plan to solve downtown traffic nightmares; it's a city's healing process. Tracing on a map how the shape of the North End resembles a heart, the highway burial becomes a grand act "to have a wholesome heart again." In this way, the challenge of what to do with the 26 acres becomes a chance to "restore the heart's function" and, once repaired, Kwaak imagines a string of thriving parks and public spaces appealing to city residents and tourists alike, with the edges set aside for new commerce. To him, the new restaurants, boutiques, and galleries should be variegated – family-owned and ethnic – because, crucial to the heart's functioning, "Special things happen in those settings. Real life goes on in those kitchens. They put their heart into their cooking. The result is socially just and equal and you get real stuff, not the phony institutional stuff."

For most Bostonians, the Big Dig has become a Big Headache. Kwaak, ever optimistic, urges that the city – and especially the power brokers trying to decide the fate of the 26 acres – take a collective deep breath. "Let's have a broader mind. The 26 acres is a wonderful opportunity," he says, adding that the area can be seen as a first step in a greater regional overhaul. Pulling out notes and rough sketches, Kwaak describes a "millennium vision" for the Boston area, in which the recovered 26 acres becomes a strand in a larger "Beantown Loop" of greenery that connects North and South Station and would allow for "more oxygen, more open space, more people." Then, looking beyond the Big Dig, Kwaak's "Five Layers of Thought" imagines a "Millennium Boston Bay Way," or a series of connecting structures in Boston Harbor that would create new sites for development while relieving pressure on the suburbs.

"This is a good lesson," Kwaak says about the Big Dig. "Boston made a mistake, now it is healing. Give it time. Be optimistic. This occasion is very important, a chance to show even more heart, tolerance, and to find new ways to live together. Don't make another mistake so another generation suffers for it."

The smile sneaks across Kwaak's face. "Boston becomes a World City."

* * *

Head in the future

Kwaak first studied architecture and city planning at MIT in the late 1960s. Laughing at a photograph taken of him then, in which he's dressed in a white robe and is in flight delivering a leg kick, he says, "They thought I was Bruce Lee." Kwaak did teach tae kwon do, but he was mostly "in preparation," later earning a degree in education from Harvard and then in philosophy from Dongkuk University.

All the while, he says, "I was always thinking about the future." Though his homeland remains unreconciled, Kwaak found in urban design ways to promote reunification. Returning to Seoul he quickly became a leading architect and began thinking of the Olympics as a way to begin "to break down ideological walls" between north and south, the Communist bloc and the West. He lobbied South Korea's political leaders, went to Montreal in 1976 for the Olympics, which were boycotted by a number of black athletes protesting apartheid in South Africa, and persuaded Seoul's mayor in the early 1980s to build a massive National Stadium he would design and which eventually became the main stadium for the Olympics in 1988.

"Many people thought I was crazy to think Korea could host the Olympics," he says, given the ongoing political turmoil between North and South Korea throughout the 1980s. But this is when Kwaak mentions willpower and begins to wax poetic, saying he was pursuing a "strategy of the dandelion" at the time. First, he says, you define the vision, in this case the Olympics, and then you treat the vision as "a seed of thought, like the seed of a dandelion that goes off into the wind, over the walls and heads of state, and then it takes hold with the people."

Kwaak went on to design the Olympeace Flame lit during the summer 1988 Olympics that still burns today, as well as the Peace House where former Soviet leader Mikhail Gorbachev stayed. Though North Korea did not want to attend the games, to embarrass South Korea, Kwaak recalls, Gorbachev would not have it. He says Gorbachev's commitment to "a new age" proved instrumental in ensuring the success of the games Kwaak and other South Koreans had worked so hard to achieve. "Of course, everyone came. Hungary. Poland. The Soviet Union. So I was very happy. It was clear to me that the success of the Seoul Olympics, through television, affected so many people around the world."

Kwaak believes the Seoul Olympics played a role in ending the Cold War that has been overlooked by historians, who tend to mark the Cold War as ending in 1989 with the collapse of the Berlin Wall. He was irked last November by the 10th anniversary coverage of the wall's collapse. To him, ideological walls were broken that summer in Seoul, then an actual wall was broken in Berlin the next year. "It is my contention that the Berlin Wall was triggered by the Seoul Olympics," he says. "The '88 Olympics had a definite effect on globalization."

* * *

Strategy comes full circle

In August 1998, Kwaak's family received shocking news – the two older brothers who did not make it across the river to freedom in 1951 had not been killed as the family had long believed. The brothers had lived for years in North Korea, barred from contacting the rest of the family. Word came that one brother had recently died, but the eldest son, in his late 60s, was still alive, though ill.

The reality of a split Korea once again hit Kwaak personally, and still haunts him. Over the recent holidays, he saw his mother, now 89, in Seoul, and he worries that she won't ever be reunited with her oldest. "It is terrifying that a mother cannot go to North Korea to visit her son," he says.

During his flight back to Boston, Kwaak did what he often does in such moments; he picked up a pencil and began jotting notes and making sketches. Several days later, he pulled out the airline menu covered with the notes he made fresh from a mother's farewell. "I am on top of the clouds. I would like to cry but cannot."

The notes are a blend of personal feelings and renewed commitment to spread peace through the vision of his World City Network. It is the strategy of the dandelion seed.

"This is how I can wash the tears and sorrow of my mother away, and it's not only my mother but many others with similiar sorrow and tears, and I work to reduce this."

▲ 'A.P.P.L.E.'이라는 타이틀로 곽영훈 박사를 소개한 〈보스턴 글로브〉 기사(2000. 2. 23.)

곽영훈 저의 20대를 돌아보면 공부에 미쳐 있었습니다. 도서관이나 실험실에서 밤을 새우는 날도 부지기수였습니다. 가능한 한 많이 배워서 돌아가야 한다고 생각하니 공부 욕심이 끝도 없었습니다. 특히 MIT 마지막 학기에 같이 지냈던 룸메이트가 한 말이 제 심장에 불을 지폈습니다.

"DMZ 평화시를 만드는 건 공공정책 차원의 사업이잖아? 정책학 공부도 해야 하지 않겠어?" 듣고 보니 맞는 말 같더라고요. 그 후 전공 분야가 점점 넓어졌습니다.

1999~2000년에 하버드대학교 신학부에서 하비 콕스 교수와 함께 강의할 기회가 있었는데, 〈보스턴 글로브〉 기자가 저를 인터뷰하고는 'A.P.P.L.E.'이라는 타이틀로 기사를 냈더군요. 제가 미국에서 공부한 과목들의 영문명 앞 글자를 따면 'A.P.P.L.E.'이 되기 때문이었습니다. 건축학Architecture, 도시계획학Planning, 정치정책학Political science, 조경학Landscape architecture, 교육학Education 순서로 공부했거든요. 사실 신학도 공부했는데 그건 빠뜨렸더군요.

김광수 박사님이 걸어 다니는 '애플'이시군요.

곽영훈 (웃음) 기자분께서 재치를 부리신 것이지요.

타국 땅에서 그린
한반도 미래 지도

뉴욕, 1964년,
세계박람회

김광수 저도 미국 유학파이지만, 저는 책과 씨름하기도 벅찼습니다. 그런데 박사님은 공부 외에 거창한 꿈까지 꾸는 여유를 보이셨더군요.

곽영훈 여유가 있었다기보다는 저에게 우연한 기회가 찾아온 것이었습니다. 미국 유학 둘째 해에 미국적십자사에서 연락이 왔습니다. 뉴욕 힐튼호텔에서 열리는 연례 총회에서 VISTA 학생 대표로 연설을 맡아달라는 요청이었습니다. 제가 자신 없어 하며 머뭇거리자 관계자분들께서 "영어를 잘하지 못해도 괜찮다. 네 마음속에 있는 말을 하면 된다."라고 말씀하시며 용기를 북돋아 주었습니다.

천여 명의 청중 앞에서 어찌어찌 연설을 마치고 연단을 내려오는데 금발의 여학생 한 명이 제게 다가왔습니다. 그녀는 대뜸 자기를 '데비'라고 소개하고 제 연설의 마지막 문장이 인상 깊었다며, 꼭 보여주고 싶은 곳이 있으니 따라오라 하더군요.

김광수 연설의 마지막 문장이 무엇이었는지 궁금합니다.

곽영훈 "It's up to you!" 그곳에 모인 사람들에게 미래는 당신에게 달렸다는 메시지를 전하고 싶었습니다.

김광수 그다지 대단한 말도 아닌데 데비의 마음을 움직였군요 (웃음). 데비는 박사님을 어디로 데려갔습니까?

곽영훈 브루클린에 있는 세계박람회장이었습니다. 높이 43미터, 지름 37미터에 이르는 어마어마한 지구본을 대회장 입구에서 맞닥뜨리고는 압도당했습니다. 그곳은 인류의 미래 문명을 미리 볼 수 있는 축제의 장이었습니다.

순간, 한국에 있는 제 친구들도 여기 와서 이런 것을 같이 보면 좋겠다는 생각이 스쳤습니다. 그러나 그것은 비현실적인 바람이었습니다. 그런데 더 큰 바람이 가슴을 뛰게 했습니다.

'아, 이런 세계박람회가 우리나라에서도 열리면 좋겠다.'

우리나라 사람들을 해외 세계박람회장에 다 불러모을 수 없다면 한국에서 세계박람회를 열면 되지 않나 싶었던 것이지요. 한국이 세계를, 세계가 한국을 깊이 알아가는 계기가 되리란 기대감도 차올랐고요.

김광수 그렇지만 당시 우리나라는 아무런 인프라가 없는, 세계에서 가장 가난한 나라 중 하나였습니다.

곽영훈 아무런 인프라가 없다. 이 사실이 저에게는 오히려 기회로 보였습니다. 세계박람회를 한국에서 개최하려면 그에 필요한 인프라를 만들어야 하는데, 인프라 건설 자체가 대한민국의 발전을 향한 첫걸음이니까요.

김광수 일종의 역발상이군요. 글로벌 이벤트를 유치하기 위해 인프라를 건설하자. 인프라를 건설하기 위해 글로벌 이벤트를 유치하자. 명분과 실리를 모두 챙길 수 있는 아이디어 같습니다.

곽영훈 1993년 대전엑스포로 실현되기 전까지 사람들은 그 아이디어를 '몽상'으로 치부했습니다. 20대 때 우리가 서로의 미래를 모르는 채 만났더라면 교수님도 저를 '몽상가'라고 놀렸을 겁니다.

김광수 (웃음) 박사님께서 실현 불가능해 보이는 담대한 꿈을 많이 꾸는 편이시기는 합니다. '몽상가' 맞습니다.

곽영훈 (웃음) 꿈은 공짜거든요.
아무튼 데비 덕분에 저는 글로벌 이벤트 유치라는 구체적인 꿈을 꾸게 되었습니다. 글로벌 이벤트 행사장의 구조도 살펴볼 수 있었고요. 그날 세계박람회장을 둘러보지 않았더라면, 대전엑스포를 준비할 때 대회장 설계를 포함한 모든 마스터플랜을 무無에서부터 시작해야 했을 것입니다.

새로운 과녁,
올림픽

곽영훈 1964년 제 심장을 뛰게 한 또 다른 사건이 있었습니다. 바로 도쿄올림픽이었습니다. 아시아 지역에서 처음 열린 하계올림픽이었는데요. TV로 중계방송을 보던 중 불현 듯 'Why not in Seoul?'이라는 생각이 뇌리를 스쳤습니다. '도쿄도 되는데, 서울은 왜 안 돼?' 이런 오기랄까, 패기가 차오른 것이지요.

'서울에서 올림픽을 개최하면 세계의 이목이 한국에 집중되어 우리나라에서도 민주주의가 꽃필 수 있지 않을까? 올림픽을 치르려면 국내 인프라 구축이 선행되어야 하니까 국토개발에도 가속도가 붙겠지? 올림픽 특수로 국가 경제도 끌어올릴 수 있을 거야.'

생각하면 할수록 올림픽은 우리나라 발전에 꼭 필요한 글로벌 이벤트 같았습니다. 서울에서 올림픽을 여는 데 힘을 보탤 수 있도록 앞으로 더 열심히 공부하자고 굳게 다짐했습니다.

김광수 박사님의 판단이 옳았습니다. 제32회 도쿄올림픽이 일본이 제2차 세계대전 패전국에서 선진국으로 도약하는 발판이 되었듯이, 서울올림픽은 한국이 급성장하는 계기가 되었지요.

곽영훈   그렇습니다.

그리고 4년 후의 일이지만, 1968년에는 프랑스 그르노블 동계올림픽 방송을 시청하다가, '대관령 근처에 동계올림픽도 유치해야지.' 하고 또 하나의 올림픽을 꿈꾸게 되었지요.

김광수   유학 중에 공부만 한 게 아니라 공부한 것을 사용할 일감까지 구상하셨군요. 결과적으로 우리나라는 1988년 서울에서 하계올림픽을, 2018년 평창에서 동계올림픽을 성공적으로 개최했으니 박사님의 목표가 이루어진 셈입니다. 두 올림픽을 유치하고 준비하는 데 박사님의 역할이 컸던 것으로 알고 있습니다.

곽영훈   네, 뚜렷한 목적지를 정하면 거기까지 가는 길은 어떻게든 생기더라고요. 함께 걷고자 하는 사람도 하나둘 모여들고요. 특히 올림픽같이 커다란 글로벌 이벤트의 경우,

전 국민이 팔을 걷어붙이고 나서니 절대 이룰 수 없어 보이던 일들도 기적처럼 현실이 되었습니다.

김광수 올림픽 개최는 여러 사람의 노력이 빚어낸 결과이지만, 박사님께서 가장 오랫동안 공들여 준비하셨을 것 같습니다.

곽영훈 올림픽 마스터플랜을 미리 구상해두려고 벤치마킹 차원에서 해외 올림픽 현장들을 답사하러 다녔습니다. 1972 뮌헨올림픽, 1976 몬트리올올림픽, 1984 LA올림픽…. 4년마다 공간의 구조 및 배치부터 대회 운영 방식까지 여러 면이 달라진 것을 발견했습니다.

저는 이곳저곳 돌아다니며 부지런히 사진을 찍고 메모를 남겼습니다. 100권의 책을 읽는 것보다 실제 현장에 한 번 다녀오는 편이 배우고 깨닫는 바가 훨씬 많았습니다.

김광수 백문이 불여일견이라는 말이 꼭 맞는 것 같습니다. 어떤 올림픽이 특히 인상 깊었나요?

곽영훈 아무래도 맨 처음 관람한 뮌헨올림픽이지요.

미국 유학이 끝나갈 무렵 유럽으로 갈 경비를 마련하기

위해 MIT-하버드 태권도 클럽을 열어 외국인들에게 태권도를 가르쳤습니다.

김광수 태권도 클럽을 직접 차릴 정도면 보통 실력이 아니시겠습니다?

곽영훈 청도관 출신 공인 9단입니다.

김광수 아이코, 앞으로 조심하겠습니다.

곽영훈 (웃음) 1972년 여름 배낭을 메고 유럽으로 떠날 때, 수중에는 일정 기간 유럽 철도를 무제한으로 이용할 수 있는 유레일패스와 미국에서 만난 유럽 친구들의 연락처, 그리고 돈 몇 푼밖에 없었지요. 프랑스 파리, 이탈리아 베네치아, 스위스 취리히와 제네바, 오스트리아 빈, 네덜란드 암스테르담 등을 거쳐 독일로 들어갔습니다.

김광수 독일로 바로 가지 않고 왜 여러 나라를 거쳐 가셨지요? 비용도 더 들었을 텐데요?

곽영훈   여행도 공부이니까요. 저 같은 일을 하는 사람은 세계 방
       방곡곡을 알아둘 필요가 있거든요.

김광수   그렇군요. 왠지 독일에서도 곧바로 뮌헨으로 향하지 않으
       셨을 것 같습니다.

곽영훈   정확하십니다. 독일에서는 라인강 변의 탄광도시 뒤스부
       르크에 제일 먼저 들러 당시 서독에 파견되어 있던 우리
       나라 광부와 간호사들을 만났습니다. 고국에 보낼 외화를
       벌기 위해 궂은일도 마다하지 않고 쉴 틈 없이 일하시는
       그분들을 뵈니 감정이 북받쳤습니다.
       그분들에게 독일에서의 즐거운 추억을 조금이나마 만들
       어드리고 싶은 마음에 뮌헨올림픽을 같이 보러 가자고 제
       안했습니다. 하지만 입장권을 살 여유가 없어 모두 주저
       했습니다. 저도 주머니 사정이 넉넉지 않았지만 호기를
       부렸습니다. "제가 다 알아서 할게요."
       그렇게 광부 및 간호사 20여 분과 함께 뮌헨올림픽을 보
       러 갔습니다. 주로 한국이나 북한이 다른 나라와 겨루는
       경기를 관람했지요. 경비가 부족해 입장권은 경기마다 서
       너 장만 샀는데, 뜻밖에도 경기장 게이트에서 우리 일행

을 전부 들여보내 주더라고요. 검표원들이 우리를 불쌍히 여겨 선심을 베풀었던 듯합니다.

50년을 내다본 밑그림,
녹지축과 활성축

김광수   우리나라가 절대적 빈곤에 시달렸던 시절에 미국과 유럽의 선진국 사람들이 어떻게 사는지를 10년 동안 지켜보신 셈인데, 두 세계의 차이를 온몸으로 실감하셨을 것 같습니다.

곽영훈   네, 선진국과 우리나라의 빈부격차, 국가 위상의 격차를 실감했지요. '차이가 나도 이렇게까지 크게 날 수가 있나? 도대체 어떻게 된 일인가?' 의아하기도 하고 울분이 치솟기도 했습니다.

온종일 공부하느라 지쳐 있었지만, 밤마다 잠들기 전 우리나라 사람들의 생활 수준을 개선할 수 있는 국토개발 방법을 궁리했습니다. 모든 지역을 골고루 발전시킬 수 있으면서도 한반도의 자연환경에 잘 맞는 마스터플랜을 세우고 싶었습니다. 산세와 지형, 물의 흐름을 훼손하지 않는 방향으로요.

김광수 개발과 보존 사이에서 균형을 잡고자 하셨군요.

곽영훈 그렇습니다. 고심에 고심을 거듭한 끝에 '녹지축'이라는 개념을 구상해냈습니다.

김광수 녹지축이 구체적으로 무엇이지요?

곽영훈 말 그대로 '녹지의 축'을 말합니다. 도시의 허파이며 야생 동물의 서식지이자 시민들의 휴식처인 녹지를 보존할 곳들을 한반도 지도 위에 선으로 이은 것입니다.

김광수 보존할 녹지를 굳이 미리 표시해둘 필요가 있습니까?

곽영훈 그러지 않으면 국토개발 과정에서 녹지를 닥치는 대로 훼손할 수 있거든요.

김광수 도시의 무질서한 확산을 막고 자연환경을 보전하기 위해 녹지축을 그어 개발 제한 구역을 정해두신 거군요.

곽영훈 그렇습니다. 반대로 국가의 성장을 위해 반드시 개발해야 할 곳들을 이은 선도 있는데, 그것이 바로 '활성축'입니다. 처음에는 남한 지도에만 활성축을 그어봤습니다. 그런데 잘 안되더라고요. 북한 지역을 제외한 한반도는 섬과 다름없기 때문이지요. 섬이라면 배를 타고 건너편으로 넘어갈 수라도 있지, 북한 지역은 출입이 아예 제한되어 있으니…. 북쪽으로 가는 최단 경로가 꽉 막힌 형국입니다. '만약에 38선을 넘을 수 있다면 어떨까?' 하는 생각에 한반도 전체 지도를 놓고 보니 저절로 축선이 생겼습니다.

김광수 박사님께서 한반도 지도 위에 그은 녹지축과 활성축의 위치를 소개해주실 수 있을지요?

곽영훈 우선 백두산부터 한라산까지 녹지축을 쭉 그었습니다. 그다음 광개토대왕비가 있는 중국 지린성 지안에서부터 북한의 평양, 그리고 서울, 대전, 여수까지 다섯 거점을 연결하는 활성축을 그렸습니다. '38선 북쪽 활성축 개발은 여건상 뒤로 미뤄야 한다. 그럼

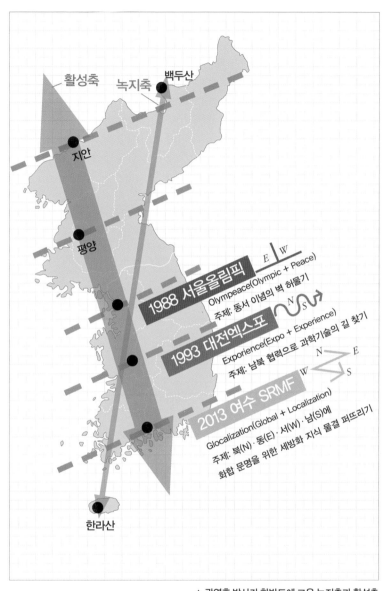

▲ 곽영훈 박사가 한반도에 그은 녹지축과 활성축

먼저 남쪽 활성축의 각 급소를 발전시키자. 서울 및 수도권, 대전 및 중부권, 여수 및 남해권에 교통·과학기술·문화예술 발전에 필요한 인프라를 구축하고 글로벌 이벤트를 유치하면 주변 지역에까지 성장 동력이 전파되겠지?'

1971년 무렵 구상한 녹지축과 활성축을 기반으로 지난 50여 년간 다양한 국내외 프로젝트를 기획하고 실행해왔습니다. 1988 서울올림픽과 1993 대전엑스포 등 제가 총대를 메고 진행한 글로벌 이벤트는 모두 타국 땅에서 그린 밑그림을 구체화한 것입니다.

돈인가,
소명인가?

김광수 　수십 년 앞을 내다보며 우리나라 국토개발의 밑그림을 그리고 그것을 현실로 옮기다니, 참으로 대단하십니다.

여기서 궁금한 것이 있습니다. 박사님을 그토록 강력하게 추동한 원동력은 무엇입니까? 국가발전에 대한 소명 의식입니까, 아니면 돈입니까? 모두가 돈을 좇는 세태라 묻는 것이니 오해 마시기 바랍니다.

곽영훈 돈을 좇는 세태라⋯. 맞는 말씀입니다. 교수님이 만드신 마당극 〈붉은 뺨을 찾습니다〉에서 '조졸부'가 읊은 대사가 생각납니다. "그런즉 믿음, 소망, 돈, 이 3가지는 항상 있을 것인데 그중에 제일은 돈이라. 아멘!"

김광수 조지 오웰이 쓴 소설 《엽란을 날려라》를 인용한 대사입니다. 〈고린도전서〉 13장 13절을 비틀어 현대인의 배금주의를 풍자한 표현이지요.

곽영훈 돈을 좋아하지 않는 사람이 어디 있겠습니까? 저도 돈을 좋아합니다. 그러나 저에게는 돈보다 강한 삶의 원동력이 2가지 있습니다.
첫째는 부모님의 가르침입니다. 일평생 식민 지배와 동족상잔의 아픔을 겪으신 부모님은 저에게 늘 "세상을 떠날 때 손가락질받지 않는 사람이 되어야 한다. 언제나 나라를 위해 살아라."라고 말씀하셨습니다. 형님과 저는 부모님의 가르침을 삶 속에서 실천하기 위해 노력해왔지요.

김광수 부모님이 참으로 훌륭한 분들이셨군요. 부모님의 가르침대로 살고자 한 박사님 형제도 멋있으시고요.

곽영훈   어머님과 아버님께서 먼저 당신들의 삶으로 모범을 보여 주셨습니다. 나라를 위한 일, 인척과 이웃을 돕는 일에 늘 앞장서셨습니다.

김광수   집안 분위기가 어땠을지 짐작됩니다. 어려서부터 박사님의 마음속에 이기심이 싹틀 여지가 없었을 것 같습니다. 박사님을 추동하는 또 다른 원동력은 무엇입니까?

곽영훈   저 자신이 세상에 '빚진 자'라는 생각입니다. 제가 태어났을 때 세상은 이미 많은 것으로 가득했습니다. 해와 달과 별들, 드넓은 대지와 강산, 길과 자동차와 비행기, 학교와 도서관, 온갖 지식을 담아놓은 책들…. 저는 아무것도 하지 않았는데 이 모든 것이 공짜로 주어져 있었습니다. 이런 세상에서 저는 무임승차자가 되고 싶지 않았습니다. 이 빚을 조금이라도 갚는 삶을 살 의무가 저에게 있다고 생각했습니다.

김광수   세상을 더 살기 좋은 곳으로 만드는 데 일조하는 것. 그것이 이 세상에 태어난 인간으로서 지켜야 할 도리라고 생각하신 거군요.

곽영훈 그렇습니다. 저는 이 넓은 세상에서, 특히 우리나라에서 태어난 것을 감사하게 여깁니다. 19세기에야 바깥 세계로 눈을 돌린 변방의 작은 나라, 일제강점기와 한국전쟁을 거치며 피폐해질 대로 피폐해진 나라…. 반세기 전의 한국에서는 국가발전을 위해 처리해야 할 과제가 너무 많았습니다. 그중 제가 할 수 있는 것을 하면서 성취감도 맛보고 국가와 함께 성장하는 기쁨도 누릴 수 있는데, 한국에서 태어난 것을 어찌 감사해하지 않을 수 있겠습니까!

김광수 박사님의 답변을 듣고 보니 제가 괜한 질문을 드린 것 같습니다. 죄송하게 되었습니다.
박사님, 저와 박사님의 공통점이 있는데, 그게 뭔지 아십니까?

곽영훈 글쎄요….

김광수 우리 모두 돈을 우습게 여긴다는 것입니다(웃음).

곽영훈 그렇군요. 교수님은 돈이 안 되는 철학을 하고, 저는 돈보다는….

김광수   박사님과 제가 닮은 점이 또 있습니다.

곽영훈   자꾸 어려운 말씀만 하십니다(웃음).

김광수   우리는 모두 무언가를 가꾸는 사람입니다. 박사님은 도시
         환경을 가꾸고, 저는 정신 환경을 가꾸고자 합니다.

곽영훈   제가 왜 교수님을 좋아하는지 알겠습니다.

김광수   그 이유는 제가 박사님을 좋아하는 이유이기도 합니다.
         박사님의 소명 의식에서 비롯된 국가발전 계획이 어떻게
         실행에 옮겨졌는지 자못 궁금합니다.

기적의 설계자

: 두 번의 올림픽, 두 번의 엑스포

숨 가쁜 허들 게임,
1988 서울올림픽

유치부터 준비까지
끈질긴 설득의 시간

김광수   박사님이 유학 시절 구상하신 프로젝트 중 서울올림픽 이
야기를 먼저 듣고 싶습니다. 박사님께서 언제 처음 올림
픽 개최를 제안하셨나요?

곽영훈   1972년 뮌헨올림픽을 참관하고 어머님 환갑잔치로 국내
에 잠시 들어왔을 때입니다. 대한적십자사의 최두선 총재
와 서영훈 사무총장을 만나 우리나라에서도 올림픽을 개
최하면 좋겠다는 의견을 강력하게 피력했습니다

김광수 그분들 반응은 어땠습니까?

곽영훈 전혀 공감을 얻지 못했죠. 그분들은 물론이고 정치권과 학계에서도 제 의견을 허무맹랑한 소리로 치부했습니다. 제 지인들도 마찬가지였습니다. 다들 펄쩍 뛰면서 극구 반대하는 분위기였습니다.

"말도 안 되는 소리 하지 말아요. 개최할 수도 없고 개최하지도 않을 겁니다. 우리나라는 이제 막 고도성장세에 들어섰어요. 이제 탄력을 받기 시작했는데 올림픽을 개최했다가 나라 망할 일 있습니까?" 그 당시 국무회의에서는 "서울올림픽을 주장하는 사람은 역적이다."라는 말도 나왔다고 합니다.

"유신정권이 올림픽을 정권 연장의 수단으로 이용할 게 뻔하다."라는 우려의 목소리도 높았습니다. 1970년대 후반까지만 해도 유신정권하 시국은 불안정했습니다. 박정희 대통령이 시해된 뒤에는 신군부가 정권을 잡았지요. 올림픽 개최 시도가 국민의 관심을 다른 곳으로 옮기기 위한 것이라는 말이 무성했습니다. 올림픽 개최를 주장하면 유신정권, 군사정권을 옹호하는 사람으로 오인되기 딱 좋았습니다. 경제적·정치적 이유로 올림픽이라는 단어를 꺼내기도 조심스러웠던 시절이었습니다.

김광수 하지만 결국 1981년 서독 바덴바덴에서 열린 제84차 국제올림픽위원회International Olympic Committee(IOC) 총회에서 서울이 제24회 올림픽 개최지로 확정되었지요. 서울올림픽이 유치된 후 박사님께서 더 바빠지셨겠습니다.

곽영훈 그렇습니다. 유치 확정 후 서울올림픽 조직위원회가 구성되었고, 제가 몸담은 사람과환경그룹이 올림픽공원의 설계 및 공사 현장 감리를 맡았습니다.

저에게는 오래전부터 구상해온 마스터플랜이 있었습니다. 올림픽공원이 올림픽 기간 동안은 물론 그 이후에도 활용도가 높아야 한다는 생각으로 마련한 것입니다. 이제 그것을 실행에 옮기기만 하면 되었습니다.

하지만 초반부터 난관에 봉착했습니다. 정부 지원 예산이 겨우 1200만 원으로 공사 규모에 비해 터무니없이 적었습니다. 그렇다고 예산에 맞춰서 공사 규모를 축소할 수도 없었습니다. 결국, 제 노동과 사비를 털어넣기로 마음먹었습니다.

그렇게 지어진 것이 선수촌과 기자촌, 그리고 각종 경기장입니다. 올림픽 경기장 주변에 체육 중고등학교와 대학교까지 입지시켜 경기장을 계속해서 사용할 수 있도록 했습니다. 그야말로 제 돈과 영혼을 쏟아부은 작업이었습니다.

김광수   박사님 말씀을 들으니 숙연해집니다. 공사 과정에서 자금 조달 문제 외에 다른 어려움도 있었겠지요?

곽영훈   쓰임새 있는 건물을 올리기 앞서, 문화재 보존 여부를 놓고 의견 충돌이 극심했습니다. 일부 전문가는 몽촌토성을 없애고 그 자리에 경기 시설이나 TV 중계 타워를 세우자고 제안했습니다.

김광수   몽촌토성을 없애자니, 이해가 되지 않습니다.

2001년 탈레반 지도자 물라 무함마드 오마르가 이단의 우상을 없앤다며 아프가니스탄의 바미안 석불을 파괴하고, 2017년 이슬람 수니파 무장단체 IS가 이라크의 알 누리 모스크를 폭파했었지요. 이 같은 전쟁을 빙자한 문화대학살cultural genocide은 인류 차원의 죄악입니다.

그런데 전쟁 상황도 아닌데, 심지어 자국의 문화재를 국제 행사를 위해 허물자고 주장하다니…. 정말 부끄러운

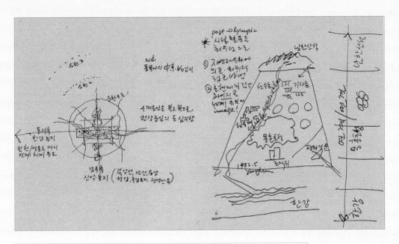

▲ 올림픽공원 마스터플랜의 스케치

국립경기장활용구상도

82. 7 환경 구룹

▲ 올림픽공원 마스터플랜 구상도

일입니다.

곽영훈 그들에게는 10만 평의 백제 시대 유적지가 그저 단순한 흙더미로 보였나 봅니다. 저는 1972 뮌헨올림픽 때 독일이 조성한 러블힐Rubble Hill 사진을 보여주며 그들을 설득했습니다. "독일은 언덕이 없어서 이렇게 돌무더기로 인공 언덕까지 만들었습니다. 그런데 우리는 있는 언덕을, 그것도 역사적 유적지를 없애려고 하고 있습니다."

결국, 몽촌토성을 보전하는 쪽으로 의견이 모였습니다. 1984년 4월 착공한 올림픽공원은 2년 후인 1986년 4월 완공됐습니다.

개최 직전 맞닥뜨린
올림픽 반납의 위기

김광수 그런데 제가 기억하기로는, 서울올림픽 개최 직전 해까지만 해도 서울에서 올림픽을 여는 것이 불가능하다는 여론이 지배적이었습니다. 아무래도 국내 정세가 극도로 불안정했기 때문이었지요?

곽영훈 네, 그렇습니다. 영화 〈1987〉에 잘 묘사되었다시피 박정희 대통령에 뒤이어 정권을 장악한 신군부에 맞선 민주화운동이 전국으로 퍼져나가고 있었고, 신군부는 비인간적 폭력으로 민주화 시위를 탄압했었죠. 1987년 박종철 열사 고문치사 사건과 이한열 열사 최루탄 피폭 사건이 잇따라 발생하며 시위의 규모가 점점 더 확대되었고요.

여기에 더해 1987년 11월 대한항공 여객기 폭파 사건 등으로 한반도에서 다시 전쟁이 발발할지 모른다는 위기감이 고조되자, 서울올림픽에 불참하겠다는 외국 선수가 나날이 늘어났습니다.

급기야 IOC에서는 "한국에서의 혼란 사태가 진정되지 않으면 올림픽의 서울 개최가 어렵다."라고 경고했습니다. 직전 올림픽 개최 도시인 LA의 톰 브래들리 시장이 3개월만 주면 LA에서 다시 올림픽을 치를 수 있다고 발언하면서, 서울에서 올림픽이 열릴 가능성이 더욱 희박해졌습니다.

김광수 그러나 국내외 사람들의 우려와 예상을 뒤엎고 서울올림픽은 결과적으로 역사상 유례없는 대성공을 거뒀습니다. 그런 반전은 어떻게 일어날 수 있었던 건가요?

곽영훈 서울올림픽 개최를 염원하는 여러 사람의 노력이 모여 가능했다고 생각합니다.

김광수 박사님께서 누구보다 간절히 서울올림픽 개최를 염원하셨을 듯한데요.

곽영훈 네, 그래서 백방으로 뛰어다녔습니다. 저는 몬트리올, 도쿄, 싱가포르 등 세계 주요 도시를 돌며 서울올림픽 개최를 지지해달라고 요청했습니다. 하지만 국내 정치 문제가 먼저 해결되지 않는 한 외국의 협조를 이끌어내기 어려워 보였습니다.

김대중 총재를
설득하다

곽영훈 급한 마음에 야당인 평민당의 당수였던 김대중 총재를 만나러 갔습니다. 이태영 변호사를 통해 면담 약속을 잡고, 국회 1층 총재 사무실로 찾아가 그에게 부탁했습니다.
"올림픽을 무사히 개최하려면 국내 정세 안정이 절대적

으로 필요합니다. 총재님께서 민주화 시위가 잠시 진정될
수 있도록 도와주십시오."

그러자 김 총재가 대답했습니다.

"내가 무슨 수로 시위를 중단시킵니까? 그리고 현 정권이
불법으로 권력을 잡은 과정을 합리화하고, 정권을 연장하
려는 의도에서 서울올림픽을 진행한다고 생각하는 국민
도 있습니다."

제가 다시 호소했습니다.

"현 정권이 올림픽을 이용하여 정권 연장을 하려고 하는
지는 제가 알지 못합니다. 그러나 올림픽을 개최하면 세
계의 이목이 우리나라에 집중되어, 오히려 정권을 연장하
지 못하는 결과를 가져올 것이라 확신합니다. 서울올림픽
은 군사정권을 궁지에 몰아넣고, 동서 이념 갈등이 해소
되고, 우리나라 경제가 발전하는 계기가 될 것입니다."

2시간에 걸친 설득 끝에 결국 김 총재에게서 긍정적인 답
을 얻어냈습니다. 김 총재가 평소 저를 잘 알고 계셔서 저
의 뜻을 너그러이 헤아려주셨습니다.

김광수 대화와 설득의 귀재로 알려진 김대중 총재를 대화로 설득
하다니 놀랍습니다. 그런데 김대중 총재와는 어떻게 알게

되셨습니까?

곽영훈 미국과 일본을 오가며 유신 반대 운동을 주도하던 김대중 총재가 1973년 8월 8일 일본에서 납치되셨을 때 구명 운동에 참여했습니다. 당시 저는 하버드대학교 교육대학원에서 공부하고 있었는데, 납치 소식을 듣고 하버드대학교 총장에게 도움을 호소했지요.

사건이 한일 간의 외교 문제로 비화되자 납치 닷새 만에 김대중 총재는 동교동 자택으로 풀려나셨고, 얼마 뒤 저는 〈보스턴 글로브〉 기자와 이 사건에 관한 인터뷰를 하게 되었습니다. 박정희 정부의 소행이라는 의심을 품고 있었지만, 우리나라 정부에 대한 국제사회의 인식이 나빠질까 봐 조심스럽게 의견을 밝혔습니다. "한국 정부가 그런 일을 저질렀다고 생각하지 않습니다. 하지만 그 사건은 명백한 인권 침해요, 국제법 위반입니다."

그런데 인터뷰가 신문에 실린 이후 보스턴에서는 "곽영훈의 집이 '김대중 구출 운동 본부'"라는 전단이 나돌았습니다. 전단에는 제가 살던 하버드 야드 인근의 아파트 주소까지 적혀 있었지요.

이듬해인 1974년 서울대학교 환경대학원 교수로 초빙되어 귀국했을 때, 중앙정보부는 김대중 구명 운동을 빌미로 저의 임용을 막았습니다. 어쩔 수 없이 서울대 교수 임용은 불발되었지요.

김광수 정부가 정권 연장에 눈이 멀어 국가발전에 이바지할 인재를 알아보지 못하고 앞길을 막다니, 개탄스럽기 그지없습니다.

곽영훈 당시 저도 많이 억울하고 답답했습니다. 그래도 다행이었던 것은, 사립대학들에서 교수직을 많이 제안해주셨습니다. 홍익대학교 부교수로 임용돼 서울에 자리를 잡으면서 김대중 총재와 서로 왕래하는 사이가 되었습니다.

김광수 개인적인 불이익을 감수하면서까지 구명 운동에 참여해준 사람이니만큼, 김대중 총재께서 박사님을 미더워하셨겠습니다. 그러니 박사님을 신뢰하고 서울올림픽 유치에 힘을 보태주셨겠지요.

곽영훈 김 총재님께는 지금도 참 감사합니다.

손에 손 잡고
벽을 넘어서

곽영훈 국내 상황도 어려웠지만, 한국 밖 정세도 심상치 않았습니다. 종교와 인종, 이념을 둘러싼 갈등이 격화되며 세계인의 스포츠 축제가 되어야 할 올림픽이 회를 거듭할수록 정치적 전쟁터로 변해갔습니다.

1972 뮌헨올림픽 때는 팔레스타인의 극좌파 조직인 '검은 구월단'이 이스라엘 선수들을 암살하는 사건이 터졌고, 1976 몬트리올올림픽에서는 흑백 인종차별 문제로 아프리카 국가 선수들이 대거 불참했습니다. 1980 모스크바올림픽은 자본주의 진영이, 1984 LA올림픽은 공산주의 진영이 각각 보이콧을 했습니다.

저는 올림픽을 국제 갈등의 시위장으로 이용하는 분위기를 그대로 두고서는 평화로운 올림픽을 기대할 수 없다고 생각했습니다. 그래서 서울올림픽을 평화 올림픽으로 만들 방안을 궁리하고 또 궁리했습니다. 그러던 중 1987년 6월 말 도쿄에서 싱가포르를 거쳐 서울로 돌아오는 비행기 안에서 섬광처럼 한 아이디어가 떠올랐습니다. 서울올림픽의 성공과 세계 평화를 위해 활동하는 기구를 만들자는 생각이었습니다. 개개인이 파편적으로 움직이기보다 뜻을 함께하는 사람들이 단합해 공식적인 목소리를 내는 것이 훨씬 효과적일 것 같았습니다.

김광수 그렇게 탄생한 기구가 WCO이군요.

곽영훈 맞습니다. 'Olympic'과 'peace'를 합친 신조어 'Olympeace' 를 만들고, WCO 산하에 서울올림픽 평화위원회Seoul Assembly of Olympeace(SAO)를 만들었습니다. 평화 올림픽 운동을 위해 SAO가 내건 4대 원칙은 다음과 같았습니다.

1. 보이콧 없는 올림픽
2. 올림픽 기간 중 정쟁 중단
3. 페어플레이 경기
4. 세계 평화에 이바지

서영훈 대한적십자사 사무총장의 도움으로 함석헌 선생 과 이태영 변호사, 윤보선 전 대통령, 한경직 목사, 김옥길 전 문교부 장관 등을 모시고 '서울올림픽 평화대회 추진 위원회'를 결성했습니다. 평생 평화운동에 헌신한 함석헌 선생을 위원장으로 추대하고 저는 부위원장을 맡아 실무 를 담당했습니다.

▲ SAO 발기인 회의 현장(1987)

▲ SAO 설립의 취지를 설명하고 있는 곽영훈 박사(1987)

곽영훈 위원회는 전 세계에 올림피스 정신을 알리기 위해 〈평화 올림픽을 위한 우리의 염원〉이라는 호소문을 작성했습니다. 이 문서를 영어, 프랑스어, 독일어, 스페인어, 러시아어 등 여러 나라 언어로 번역한 뒤 전 세계의 영향력 있는 인물들에게 보냈습니다.

김광수 호소문이 호소력을 발휘했습니까?

곽영훈 저의 예상을 훌쩍 뛰어넘었습니다. 미국의 레이건 대통령, 영국의 히스 총리, 서독의 슈미트 총리, 대만의 리덩후이 총통, 극작가 아서 밀러 등 국내외 532인이 호소문에 서명했고, 테레사 수녀와 투투 대주교는 격려의 메시지를 덧붙여주셨습니다. 이분들의 지지를 발판 삼아 서울올림픽 무산 위기를 넘길 수 있었습니다.

그리고 1988년 9월 17일, 10만 관중이 모인 주경기장에서 대망의 서울올림픽이 막을 올렸습니다. 12년 만에 자본주의와 공산주의 양 진영 모두가 참가한 평화 올림픽이었습니다. 도쿄올림픽을 보며 서울올림픽 개최를 꿈꾼 지 24년 만에 그 꿈이 눈앞에 현실로 펼쳐지는 것을 보며, 가슴이 벅차올랐습니다.

김광수 박사님께서는 감회가 남다를 수밖에 없었을 것 같습니다. 저 또한 그날을 잊지 못합니다. 개회식 행사에서 태권도 시범단이 무대 위 벽들을 격파한 뒤 작은 소년이 홀로 굴렁쇠를 굴리며 주경기장으로 들어오던 장면이 아직도 머릿속에 선명히 박혀 있습니다. 수많은 관중이 모두 숨을 죽이고 굴렁쇠 굴러가는 소리를 함께 들었죠. 경기장 한가운데 도착한 소년이 관중을 향해 손을 흔들 때, 저도 모르게 가슴이 뭉클했습니다.

곽영훈 사실 저도 눈물이 났습니다. 그 소년은 올림픽 개최가 확정된 날 태어난 아이였습니다. 전쟁고아 수출국, 분단국으로 대표되던 한국의 어두운 대외 이미지를 깨고, 서울올림픽의 정신인 화합과 평화를 부각하기 위해 올림픽을 주관하던 이어령 교수가 굴렁쇠 퍼포먼스를 기획했습니다.

김광수 개회식 마지막 순서에 코리아나가 부른 공식 주제가 〈손에 손 잡고〉도 기억에 남습니다.

곽영훈 세계 평화를 기원하는 곡이었죠. 서울올림픽이 노래 가사처럼 세계인이 "손에 손 잡고 벽을 넘어서" 소통하는 장이 되어 너무나 행복했습니다. 제 인생에 그렇게 감격스러운 날이 올 줄 몰랐습니다.

고르바초프에게
부친 편지

곽영훈 서울올림픽이 한국이 속한 자본주의 진영뿐 아니라 공산주의 진영까지 함께한 평화 올림픽이 된 배경에는 흥미로운 에피소드가 숨어 있습니다.

1987년 WCO가 평화 올림픽 운동을 전개하던 때였습니다. 당시에는 한국이 공산권과 수교가 안 된 상태여서 직접적인 교류가 불가능했습니다. 고민 끝에 평소 가까이 지냈던 유럽 출신 외국 대사에게 비밀리에 소련의 고르바초프 서기장에게 편지를 전해달라고 간청했습니다. 외국 대사는 처음에는 단호하게 거절했으나, 결국에는 저의 간곡한 부탁을 들어주었습니다. 고르바초프에게 두 번에 걸쳐 보낸 편지의 요지는 이러했습니다.

'올림픽은 평화의 제전이자 젊은이들의 축제이니 보이콧을 하지 말아주십시오. 나는 정치와 무관한 일개 건축가

로 다른 속셈은 없습니다. 서울에 당신을 위한 집을 지을 테니 꼭 방한해주십시오.'

김광수　영화 같은 이야기이군요. 실제로 고르바초프가 머물 집을 지었나요?

곽영훈　네, 1987년 서울 남산 자락에 고르바초프가 머물 집을 짓고 '평화원Olympeace House'이라 이름 붙였습니다. 그의 방한이 확정되면 보안을 위해 집으로 진입하는 별도의 길을 만들기로 염보현 서울 시장과도 합의해놓았지요. 하지만 고르바초프는 서울올림픽에 오지 않았습니다.

김광수　고르바초프가 오지 않아 아쉬우셨겠습니다. 그가 편지를 아예 전달받지 못한 게 아니었을까요?

곽영훈　저도 처음에는 그렇게 생각했는데, 아니었습니다.
저는 서울올림픽 덕이라 생각하지만, 1990년 동서 이념 갈등이 완화되며 한국과 소련의 국교가 수립되었고, 1994년 문선명 평화재단이 주최한 세계 평화 지도자 회담에서 고르바초프를 만날 수 있었습니다. 오찬 후 고르바초프가 한 테이블 건너편에 앉아 있는 모습을 발견하고 통역과 함께 그에게 다가가 인사를 건넸습니다. "저는 곽영훈입니다. 서울에 당신을 위한 집을 지은 건축가입니다."

고르바초프는 환한 미소로 '편지 잘 읽었다.'라며 제게 옆자리로 와 앉으라더군요. 그렇게 비밀스러운 대화가 시작되었습니다. "지금까지 누구에게도 한 적 없는 이야기를 할 테니 후일 당신의 회고록에 써넣으세요."

저는 부랴부랴 메모지를 준비했습니다.

"서울올림픽 전 김일성이 모스크바로 찾아와 크렘린궁에서 만났습니다. 한참 대화를 나누다가 여기까지 온 용건이 무엇인지 물었습니다. 그랬더니 김일성이 서울을 고립시키자는 겁니다. '어떻게 고립시킬 수 있는가?' 하고 되물으니, 서울올림픽을 보이콧하면 된다고 답했습니다. 나는 페레스트로이카(개혁)와 글라스노스트(개방)를 주창한 사람으로서 새로운 시대를 열려는 나의 소신에 위배되는 처사는 할 수 없다고 김일성의 제안을 거부했지요."

고르바초프의 거절에 김일성은 크게 실망한 채 북한으로 돌아갔다고 합니다.

김광수 그런 일이 있었군요. 재미있는 비화입니다. 고르바초프의 올림픽 참가 결단 덕분에 북한을 제외한 동유럽과 아시아의 공산주의 국가들과 용공 성향의 아프리카 국가들까지 서울올림픽에 참가했는지도 모르겠습니다.

영원한 평화의 불
그 뒷이야기

김광수 이제 서울올림픽 이야기를 슬슬 마무리 지어야 할 듯한데, 서울올림픽과 관련해 못다 한 이야기가 있으신가요?

곽영훈 SAO가 기획하고 사람과환경그룹이 설계와 제작을 맡은 '영원한 평화의 불' 점화식이 떠오르네요. 1988년 처음 점화된 평화의 불은 지금도 올림픽공원 '평화의 문' 정중앙에서 활활 타오르고 있지요.

서울올림픽 개막을 앞두고 사마란치 IOC 위원장과 노태우 대통령, 함석헌 선생을 모시고 평화의 불 점화식을 진행하기로 했습니다. 그런데 평화의 불 틀을 준비하는 도중에 예상치 못한 문제가 생겼습니다. 점화된 불이 솟아

나는 양을 조절하기 위해서는 고도의 기술이 필요한데, 국내에는 그런 기술을 갖춘 전문가가 없었던 것이죠.

일본 회사에 문의했더니 제작비를 2억 원이나 요구하는데다, 제대로 가동되는 불 틀을 만들 자신도 없다고 했습니다. 점화식이 일주일도 남지 않은 상황이었지요.

평화의 불 점화식 준비가 어려움을 겪던 가운데, 기적같이 국내 기술자를 찾아냈습니다. 청계천 세운상가에서 일하는 군산 출신 20대 청년이었습니다. 그 청년 덕분에 예정대로 9월 12일에 점화식을 치를 수 있었습니다.

평화의 불을 점화한 세 사람만 역사에 기록되고 평화의 불을 만든 청년의 존재는 묻혀버린 현실이 저는 못내 씁쓸하고 안타깝습니다.

김광수 영원한 평화의 불은 보이지 않는 곳에서 묵묵히 일하는 청년의 손으로 탄생했군요. 박사님께서 말씀하시지 않으셨다면 저도 그 청년의 존재를 영영 몰랐을 겁니다.

곽영훈 사실 저도 할 말이 없습니다. 제대로 된 감사의 말도 못 전하고 올림픽에도 초청하지 못하고…. 아직도 연락할 길을 못 찾고 있습니다.

김광수 그렇군요. 그분은 지금 어디서 어떻게 지내실지 궁금합니다. 우여곡절 끝에 열린 평화의 불 점화식은 무사히 마무리되었나요?

곽영훈 네. 점화식 하루 전인 9월 11일, 강화도 마니산 참성단에서 '영원한 평화의 불'을 채화했습니다. 올림픽 기간과 그 이후에도 평화의 불이 활활 타오르도록 홍익인간의 정신이 서린 곳에서 첫 불씨를 피운 것입니다. 이날 오전 참성단에서 채화한 평화의 불이 서울로 옮겨졌고, 다음날 오후 3시에 점화식이 거행되었습니다.

점화식을 성황리에 마친 뒤 참석자 대부분이 몽촌토성 서쪽 조각공원으로 이동했습니다. 그런데 함석헌 선생만은 평화의 불 곁을 떠나지 않으셨습니다. 아흔을 바라보는 선생의 여윈 뺨 위로 한줄기 눈물이 흘러내렸습니다. 선생은 저를 부르시더니 제 손을 꼭 잡으며 나직이 말씀하셨습니다. "이제 일본을 이겼어. 내가 이걸 보려고 지금껏 살았나 봐. 이제 죽어도 돼."

맞잡은 두 손이 떨리고 있었습니다. 그로부터 몇 달 후인 1989년 2월, 겨울바람이 유난히 매섭던 날 함석헌 선생은 세상을 떠나셨습니다. 오산고등학교 강당에서 열린 영결

▲ '영원한 평화의 불' 점화식을 마치고 곽영훈 박사의 손을 잡고 감격의 눈물을 짓는 함석헌 선생

식에서 저는 하염없이 울었습니다. 문익환 목사의 추도사가 지금도 귓가에 들리는 듯합니다.

크고 확실한 도약,
1993 대전엑스포

또 한 번
최초의 역사를 쓰다

김광수　서울올림픽의 성공 이후 5년 만에 또 한 번의 대형 글로벌 이벤트인 대전엑스포를 성공시키며 우리나라는 본격적으로 선진국 궤도에 올랐습니다. 대전엑스포 개최 뒤에도 박사님이 계셨지요?

곽영훈　네, 제가 정부에 엑스포 유치를 제안하고 엑스포의 마스터플랜 수립을 맡았지요.

김광수　어느 정부였지요?

곽영훈 전두환 정부였습니다. 서울올림픽 유치가 확정된 1981년 세밑에 김재익 청와대 경제수석에게 우리나라에 엑스포를 유치해보자고 건의했습니다. 김 수석이 흔쾌히 받아들이신 덕분에 엑스포 유치 작업은 순조롭게 시작되었지요.

김광수 김재익 경제수석이라면 제5공화국 당시 '경제 대통령'으로 불렸던 분이시지요? 아웅 산 묘소 폭탄 테러 사건으로 돌아가신….

곽영훈 맞습니다. 김 수석께서 1983년 갑작스럽게 작고하시면서 엑스포 국내 유치 계획도 잠정 중단되었다가, 1988 서울올림픽 성공 이후 노태우 정부에 의해 재추진됐습니다. 그리고 1990년 국제박람회기구 총회에서 대전이 새로운 엑스포 개최지로 낙점되었습니다. 그것도 만장일치로 말이지요.

김광수 아니, 어떻게 대전이 몰표를 받을 수 있었던 거지요? 서울올림픽 이후 국가적 위상이 높아졌다고는 해도, 여전히 우리나라는 개발도상국으로 분류되었는데요.

곽영훈   어떻게 보면 '우리나라가 개발도상국이었기 때문에' 엑
스포 유치에 성공할 수 있었습니다. 모든 경기장을 개최
국의 예산으로 짓는 올림픽과 달리, 엑스포는 회원국들이
자국 전시관을 자국 예산으로 만들어야 하는데요. 당시에
엑스포 유치와 전시관 준비를 두고 국가 간의 경쟁이 붙
으면서 각국의 엑스포 참가 비용이 기하급수적으로 증가
하고 있었습니다. 그 과정에서 자연스럽게 경제력이 부족
한 개발도상국들이 엑스포에서 소외되어갔고요.

대전엑스포 조직위원회는 이제 선진국 중심의 소모전을
멈추고 선진국과 개발도상국 모두가 공존하는 엑스포를
만들어나가야 할 때임을 강조했습니다. 마침 우리나라가
OECD 가입을 추진 중이었는데, 이 점을 내세워 한국이
선진국과 개발도상국을 잇는 다리 역할을 할 수 있다고
어필했지요.

김광수   그렇게 해서 국제박람회기구 총장과 회원국들을 설득해
냈군요.

곽영훈   하지만 예정대로 1992년에 개최하기엔 준비 기간이 너
무 짧았습니다. 충분한 예산을 마련하기도 쉽지 않았고

요. 그래서 개최 시기를 늦춰보기로 했습니다. 누구도 개최 연기가 가능하리라 낙관하지 않았지만 일단 밀어붙였고, 결국에는 1993년 개최로 결론이 났지요. 국제박람회 기구를 설득하는 과정에서 우여곡절이 참 많았습니다. 이런 사실은 외부에 알려지지 않아서 잘 모르셨을 겁니다.

대전엑스포,
새로운 도약으로의 길

김광수 엑스포 주제부터 대회장 마스터플랜까지 모두 박사님의 작품일 것으로 짐작되는데, 그렇지요?

곽영훈 그렇습니다. 엑스포의 주제는 유학 시절 한반도에 활성축을 그을 때 이미 윤곽을 잡아두었습니다.
우리나라의 급속 성장에는 명과 암이 모두 있었습니다. 경제가 발전하면서 국민의 생활 수준이 개선되고 국가의 위상이 점점 높아진 한편, 그 이면에는 전통문화 파괴, 환경오염, 지역 불균형 발전 등의 문제가 쌓여가고 있었습니다. 이는 한국뿐 아니라 모든 나라가 산업화 과정에서 겪은 문제였지요.

눈앞의 경제 발전도 중요하지만, 장기적인 관점에서는 전통문화와 자연환경을 잘 보존해 다음 세대에 물려주는 것이 더 중요하다고 생각했습니다. 특정 국가나 지역이 헤게모니를 장악하지 못하게끔 선진국과 개발도상국이 조화롭게 발전해야 하는 것은 물론이고요.

이런 생각을 바탕으로 구상한 대전엑스포의 주제가 '새로운 도약으로의 길'이었습니다. 부제로는 '전통기술과 현대과학의 조화'와 '자원의 효율적 이용과 재활용'이 선정되었지요.

김광수 그렇군요. 전 세계의 첨단과학기술을 선보이고 인류의 미래에 대한 비전을 제시하는 행사인 엑스포에 딱 맞는 주제라고 생각합니다.

곽영훈 좋게 봐주시니 감사합니다. 저는 엑스포의 주제를 실현하기 위해 마스터플랜을 짤 때 3가지 원칙을 정했습니다.

1. 엑스포의 모든 개별 이벤트는 궁극적으로 하나의 주제에 수렴하도록 기획한다.
2. 이전까지의 엑스포가 물질문명의 전시에 치중했다면,

대전엑스포는 개인의 체험 활동을 위주로 한다.

3. 엑스포의 주제가 행사 이후에도 계속 구현될 수 있게끔 장기적 파급효과를 고려해 시설을 설계한다.

이 원칙에 따라 엑스포 대회장 한가운데 한빛탑을 두고 서쪽에 '세인환래世人環來(세계·인간·환경·미래)' 테마관을, 동쪽에 '과거·현재·미래' 테마관을 배치했습니다. 또한, 대회장 구조를 기존 대회장들과 달리 격자형이 아닌 둥그런 방사형으로 만들어 관람객이 모든 시설에 쉽게 입장할 수 있도록 했습니다.

김광수 대회장을 설계할 때 공간 안 사람들의 시선과 동선에 집중하신 거군요. 공간의 주인공이 공간 자체가 아닌 공간을 이용하는 사람들이 되게끔 말입니다.

곽영훈 네, 대전엑스포 전까지는 엑스포를 비롯한 대부분의 국제 행사장을 격자식 구조로 짰습니다. 이 때문에 대회장 안에서 길을 잃는 경우도 많았고요. 관습에서 벗어나 관람객의 편익을 우선한 대전엑스포의 공간배치는, 제 입으로 말하기 쑥스럽지만, 국제박람회기구로부터 극찬을 받았습니다.

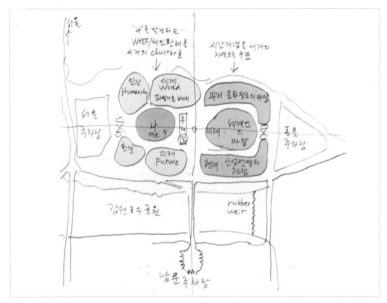

▲ 대전엑스포 대회장 스케치

▲ 대전엑스포 대회장 모형도

김광수   아주 뿌듯하셨겠습니다.

'도우미'의
어원

김광수   '도우미'라는 말은 대전엑스포 때 박사님이 만든 것이라고 하는데, 정말입니까?

곽영훈   그렇습니다.

1972년 뮌헨올림픽 관람 때였는데요. 행사 진행 요원들이 경기장 천막의 색과 비슷한 색의 유니폼을 입고 일사불란하게 움직이는 모습이 신선했습니다. 뮌헨올림픽을 벤치마킹해 대전엑스포 진행 요원들에게도 통일감 있는 의상과 동작을 준비시키고, '컴패니언companion'이라는 기존 명칭을 '도우미'라는 우리말 이름으로 바꾸었습니다.

김광수   '도우미'라는 이름은 어감도 좋고 뜻도 바로 짐작할 수 있는데, 그런 멋진 이름을 어떻게 작명하셨습니까?

곽영훈 '도움'과 '이'를 합성한 '도움이'를 소리 나는 대로 표기한 단어인데요. '남을 돕는 이'라는 뜻도 되고 '길을 찾아주는 아름다운 친구(道友美)'라는 뜻도 되어서 컴패니언의 대체어로 안성맞춤이다 싶었습니다.

김광수 대전엑스포 당시 각 기업 전시관의 도우미가 큰 화제를 모았던 기억이 납니다. '대전엑스포의 얼굴' 같은 존재였지요.

곽영훈 네, 엄격한 절차를 거쳐 선발된 분들이었습니다. 1세대 패션모델 이희재 씨와 배우 유지인 씨가 심사위원을 맡으셨지요. 명예 도우미로는 탤런트 채시라 씨를 위촉했습니다.

과학기술지대망의 꼭짓점

김광수 대전엑스포 관련 자료를 찾아보니 108개 국가와 33개 국제기구, 200여 개 국내 기업이 참가하고 1450만 명이 관람했더군요. 자기부상열차, 전기자동차, 태양전지 거북선 등을 선보이며 우리나라의 과학기술 발전상을 대외적으로 드러내고, 박사님이 의도하신 대로 체험 중심 전시관 운영으로 관람객들에게 호평받았고요.

곽영훈 네, 결과적으로 '대박'을 터뜨렸지요.

김광수 우리나라가 8칸 규모의 기와집으로 엑스포에 데뷔한 지 딱 100년 만에 국내에서 엑스포를 성공시킨 셈인데, 1893 시카고엑스포 때와 1993 대전엑스포 때 우리나라의 과학기술 수준을 비교해보면 그 발전 속도가 놀랍습니다. 충분한 인프라가 뒷받침되었기에 그렇게 빠르게 과학기술이 발전할 수 있었겠지요?

곽영훈 저도 그렇게 생각합니다. 물론 연구·산업 현장에 계신 분들의 노고도 빼놓을 수 없고요.

김광수 유학 시절부터 국내 엑스포 유치를 꿈꾸셨다고 말씀하셨는데, 과학 발전에 필요한 인프라를 구축하는 프로젝트에도 적극적으로 참여하셨을 것 같습니다.

곽영훈 네, 저는 오래전부터 전국 곳곳에 과학산업의 요충지를 배치하고 그곳들을 정보통신망과 교통망으로 연결하는 프로젝트를 구상하고 있었습니다. 이른바 '과학기술지대망科學技術之大網/Techno-network'을 구축하고 싶었던 것인데요. 운 좋게도 1980년대 말 전국 과학기술지대망 계획이 정부 공식 정책으로 채택되었습니다.

김광수 이번에도 박사님께서 먼저 정부에 프로젝트를 건의하신 건가요?

곽영훈 그렇습니다.

김광수 1987년의 일입니다. 이상희 국회의원이 갑자기 만나자 하셔서 인사동 국밥집에서 점심을 같이했습니다. 과학자이기도 했던 이 의원은 진지한 표정으로 저에게 우리나라 과학기술의 미래를 위해 어떻게 하면 좋겠냐고 물으시더군요.

이에 저는 테크노폴Techno-pole, 테크노포트Techno-port, 테크노밸리Techno-valley 등의 과학기술도시 개념을 설명해 드리면서 전국 과학기술지대망 계획을 제안했습니다. 그리고 우리나라에도 MIT 같은 과학기술 인재 양성기관이 꼭 필요하다고도 덧붙였지요. 그런데 바로 그다음 해에 이 의원이 과학기술처(현 과학기술정보통신부) 장관으로 임명되셨고, 제가 전국 과학기술지대망 계획의 자문을 맡게 되었습니다.

그렇게 대전(대덕), 광주, 대구를 꼭짓점으로 한 연구 삼각지Research triangle를 1차 골격으로 삼아 가지를 치듯 과학기술지대망을 확장해가는 프로젝트가 시작됐습니다. 교통이 편리한 대전이 특히 빠르게 개발되었는데, 이때 대덕연구단지에 KAIST(한국과학기술원)를 입지시켰고 그 후 정부와 기업의 연구소들이 들어섰지요.

김광수 그로부터 몇 년 뒤 대전에서 엑스포가 개최된 것이로군요.

곽영훈 맞습니다. 그리고 대전엑스포를 계기로 우리나라의 과학기술과 문화는 '새로운 도약으로의 길'로 들어서게 되었지요.

김광수 20대 때 세웠던 가장 큰 목표들을 모두 이루셨으니 박사님 개인에게도 새로운 길이 열렸을 테고요.

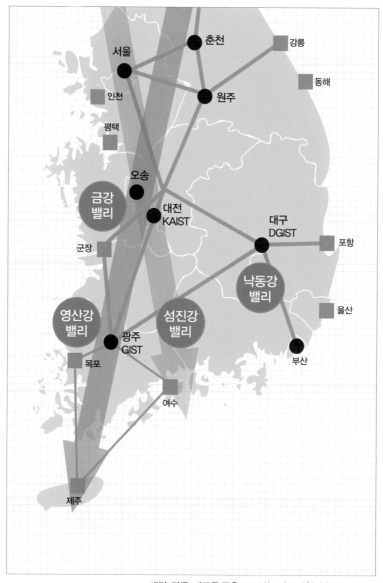

▲ 대전, 광주, 대구를 주축으로 하는 전국 과학기술지대망 계획

곽영훈 네, 올림픽과 엑스포를 차례로 치르고 나니 어느덧 쉰이
되었더군요(웃음).

균형과 화합을 향한 길, 2012 여수엑스포

왜 여수여야 하는가?

김광수 박사님께서 남한 지역에 그린 활성축의 세 거점도시 중 하나가 여수였는데요. 그래서 여수를 우리나라의 두 번째 엑스포 개최지로 미셨던 겁니까?

곽영훈 맞습니다. 과학기술지대망의 테크노포트 중 하나이기도 하고요. 제가 여수엑스포 유치위원장으로 추대된 건 2005년도였습니다. 그로부터 3년 전 여수는 2010년 엑스포 개최를 두고 상하이와 경합하다가 국제박람회기구 결선 투표에서 상하이에 밀린 전적이 있었고요.

김광수 아마도 여수가 엑스포를 열기에는 너무 작은 도시여서 불리했던 게지요? 대전 같은 도시에 비해 교통이 편리하지도 않고요.

곽영훈 네, 여수를 방문한 로세르탈레스 국제박람회기구 사무총장도 똑같은 이유로 의문을 표했었습니다. "여수는 인구도 얼마 안 되고, 호텔도 없고, 관광 인프라도 없는데, 엑스포 같은 큰 국제 행사를 치를 수 있겠습니까?"라고 말이죠.

그렇지만 상대적으로 낙후된 지역이기 때문에 여수가 엑스포 개최지로 부적합하다는 말은 뭔가 부당하다는 생각이 들었습니다. '덜 개발된 지역이기에 엑스포를 유치해 더 개발해야 하는 것 아닌가? 애초에 여수를 비롯한 전라도가 덜 발전한 것은 60~70년대 산업화 과정에서 정부가 수도권과 경상도에 인프라를 몰아주고 전라도를 개발에서 소외시킨 결과이지 않은가?' 건축가로 일하는 내내 이런 문제의식을 느껴왔기 때문입니다.

더불어 저에게는 여수가 홍콩 같은 금융과 물류의 중심도시로 성장할 수 있다는 확신이 있었습니다. 여수를 거점으로 남해안에서부터 태평양으로 이어지는 바닷길이 활

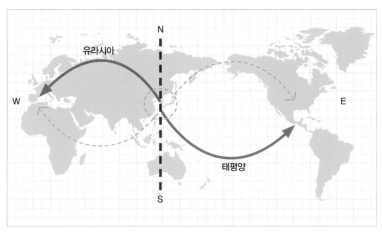

▲ 유라시아와 태평양을 잇는 관문이 되기에 적합한 여수의 위치

성화되면 자연스럽게 국가 전체의 이익도 커지리라 예상
했지요.

김광수 국가 전체의 발전을 위해서라도, 지역 간 격차를 좁히기
위해서라도 여수 지역 개발이 필수적이라고 판단하셨군
요. 이론적으로는 옳아 보이는데, 국제박람회기구를 설득
하기에는 부족한 주장 같습니다. 문제의식과 희망사항만
있고 현재 준비 상태에 대한 설명은 빠져 있달까요? 다른
도시와 경쟁해서 이기자면 좀더 확실한 명분과 전략이 필
요했을 듯합니다.

곽영훈 정확하게 짚어주셨네요. 설득에도 구체적인 마스터플랜이 필요하지요. 필승 전략을 짜기 위해 저는 먼저 2010년 엑스포 유치에 실패한 원인을 분석했습니다. 그리고 대전 엑스포 유치 경험을 떠올리며 국제박람회기구 심사위원들이 개최지 선정 시 가장 주목하는 포인트가 무엇인지 가늠해보았습니다.

1. 정부와 후보도시의 엑스포 개최 의지
2. 전 인류에 전하는 미래지향적 메시지
3. 엑스포 개최지로서 후보도시만의 특장점
4. 엑스포에 필요한 인프라 구축 현황

첫째 항목에서 여수시의 엑스포 개최 의지는 별문제가 되지 않았습니다. 여수 시장과 시민들의 열정은 대단했으니까요. 제가 여수엑스포 유치위원회장 자리를 맡지 않겠다고 거듭 고사했을 때도 포기를 모르고 섭외 요청을 계속해 결국 제가 백기를 들게 만든 분들입니다.

김광수 정부의 개최 의지도 확고했겠지요?

곽영훈 문제가 있었습니다. 노무현 대통령이 탄핵 위기에 시달릴 때였거든요. 당시 정부는 혼란에 빠져 있었습니다. 엑스포에까지 신경 쓸 여력이 없었던 것이지요.

바다 혹은 평화,
혹은 둘 다

곽영훈 정부의 개최 의지는 제쳐두고, 먼저 전 인류에게 전하는 미래지향적 메시지를 구상했습니다.

김광수 여수엑스포 공식 주제인 '살아 있는 바다 숨 쉬는 연안'이라는 카피 말씀이신가요?

곽영훈 아니요. 그 주제는 제 작품이 아닙니다. 원래 제가 제안한 주제는 '화합의 물결을 전 세계에(N.E.W.S.)'였습니다. N.E.W.S.는 '동서남북'을 '북동서남'으로 바꾸어 만든 단어인데요. 화합의 물결을 전 세계 모든 방향으로 퍼지게 하자는 메시지를 담았습니다. 우리나라가 겪고 있는 남북 갈등과 동서 갈등(지역감정)을 해소하고, 더 나아가 세계 평화를 이루고 싶었기 때문입니다.

그런데 아쉽게도 제 아이디어는 채택되지 못했습니다. 그

대신 해안가라는 여수의 지리 조건을 살려서, 바다와 연안에 관한 인류의 공동 과제를 제시하는 방향으로 주제가 잡혔습니다.

김광수 과학도시인 대전은 과학기술을, 항구도시인 여수는 바다를 테마로 삼은 셈이군요. 각 도시의 특성이 잘 드러나는 주제들입니다.

국제박람회기구 사무총장
사로잡기

곽영훈 엑스포의 주제를 정하는 건 엑스포 유치의 시작 단계에 불과했습니다. '왜 여수인가?' '여수는 엑스포를 개최할 제반 준비가 완료됐는가?' 이 2가지 의문을 정면으로 돌파할 수는 없었기에, 우회로를 택했습니다.

서울올림픽 직전 공산권의 참가를 유도하기 위해 고르바초프에게 편지를 썼다면, 여수엑스포 유치 활동 때는 국제박람회기구의 수장인 로세르탈레스 사무총장을 한국으로 초청했습니다.

김광수 로세르탈레스 사무총장을 원군으로 끌어들이려는 속셈이
셨군요.

곽영훈 정확합니다. 2005년 9월, 저는 로세르탈레스 사무총장을
평화원으로 초청했습니다.

김광수 고르바초프를 위해 지은 그 집 말씀이시죠?

곽영훈 그렇습니다. 애써 지은 공간을 놀리기 아깝기도 하고, 제
가 대표로 있는 사업체와 기구들의 사무실이 필요하기도
하여 그냥 제가 입주해버렸는데요. 그곳에서 로세르탈레
스 사무총장에게 지역 균형 발전의 필요성과 엑스포를 향
한 여수 시민들의 뜨거운 열망을 소개했습니다. 무엇보다
도 왜 여수여야 하는지 그 당위성을 납득시키고자 열변을
토했지요.
'국제박람회기구 규약을 보면 엑스포 개최의 목적 중 하
나가 낙후된 지역의 성장을 촉발하는 것임이 명시되어 있
다. 여수에서 엑스포가 열리면 여수 및 남해권이 성장하
고 호남과 영남 사이의 지역감정이 수그러들 것이다.'
하지만 저의 이야기를 다 들으신 뒤에도 사무총장은 저에

대한 불신을 지우지 못한 듯 보였습니다. 이번에는 각종 지도를 꺼내 보이며 말했습니다.

"사무총장님께서 비행기에서 내려 아름다운 한강 풍경을 감상하며 올림픽대로를 거쳐 이곳으로 오셨지요? 저의 작품 위를 달려오신 것입니다. 유례없는 성공을 거둔 대전엑스포의 마스터플랜도 제 머릿속에서 나왔습니다. 우리는 여수엑스포도 이에 못지않게 훌륭하게 치러낼 것입니다."

김광수   사무총장의 반응은 어땠습니까?

곽영훈   조용히 듣고만 계시다가 이윽고 입을 여셨습니다. "박사님이 유치위원장을 맡고 계시니 믿음이 갑니다. 그러나 정부에서 엑스포를 뒷받침할 의지를 보이지 않는다는 보고를 받았습니다."

김광수   아픈 데를 찔렀군요.

곽영훈   정부 당국자가 아닌 제가 할 수 있는 최선의 대처는 말로 때우는(?) 것이었습니다. 저는 별걸 다 걱정한다는 투로 말했습니다.

"그 점은 염려하실 필요 없습니다. 아실는지 모르겠지만 지난해 노무현 대통령은 대단히 어려운 시련을 겪었습니다. 대한민국 헌정사상 최초로 대통령직 재임 중 탄핵 소추를 당해 직무가 정지되었거든요. 그러나 그는 국민의 지지를 받았고, 헌법재판소에서 탄핵 소추안을 기각하여 대통령 직무에 복귀했습니다. 노 대통령은 결코 국민과 맺은 약속을 저버리지 않을 분입니다."

로세르탈레스 사무총장이 고개를 끄덕인 것으로 보아 비로소 정부에 대한 의심이 풀린 것 같았습니다.

김광수 박사님의 당당한 태도가 설득력을 발휘한 듯싶은데요?

곽영훈 하지만 쐐기 골은 동석해 있던 김충석 여수 시장께서 넣으셨습니다. 김 시장은 '엑스포 유치를 처음 진행한 김충석 시장이 엑스포 관련 사안을 모두 마무리해야 한다.'라는 시민들의 요구에 떠밀리듯 4년 만에 여수 시장으로 복귀한 상태였습니다.

로세르탈레스 사무총장과의 담화가 끝난 뒤 김충석 시장이 일어서서 인사하며 말했습니다. "엑스포 때문에 제가 여수 시장이 됐는데, 엑스포 유치를 못 하면, 저는 맞아 죽습니다."

제가 영어로 통역하자 사무총장이 큰 소리로 웃었습니다.

김광수 사무총장이 웃었으면 다 된 것 아닌가요?

곽영훈 (웃음) 어쨌든 2007년 11월 국제박람회기구 총회에서 여수가 2012년 엑스포의 개최지로 최종 선정되었습니다. 석 달 동안 약 800만 명의 관람객을 모으며 여수엑스포도 성공적으로 마무리되었습니다.

몽상가들의 승리, 2018 평창올림픽

평창동계올림픽 인프라 1호, 용평 스키장

김광수 흔히 하계올림픽, 동계올림픽, 엑스포, 월드컵을 4대 글로 벌 이벤트라고 말합니다. 평창동계올림픽을 유치함으로 써 우리나라는 4대 이벤트를 모두 개최한 여섯 번째 국가 가 되었습니다. 프랑스, 이탈리아, 독일, 미국, 일본 다음 이었습니다.
평창동계올림픽 때도 박사님께서 유치위원회의 일원으로 활발히 활동하셨겠지요?

곽영훈 네, 공교롭게도 서울올림픽 이후 정확히 30년 만에 다시

올림픽 유치 프로젝트에 참여하게 되었지요.

김광수 앞서 1968 그르노블동계올림픽에 자극을 받아 대관령 일
대에 동계올림픽을 유치하겠다는 포부를 갖게 되었다고
말씀하셨는데요. 1960년대까지만 해도 우리나라에서 동
계올림픽을 개최한다는 발상은 터무니없는 몽상으로 여
겨졌을 듯합니다. 빙상·설상 종목은 장비가 비싸고 적정
온도를 유지하는 전용 경기장이 필요하니 '돈이 많이 드
는 운동'이라는 인식이 강했지 않습니까?

곽영훈 네, 더군다나 당시 우리나라에는 스키장도 하나 없는 상
황이었죠. 당연히 하계올림픽보다 동계올림픽 유치가 더
어려우리라 예상했습니다. 그런 만큼 더 오랫동안 준비해
야겠다고 생각했고요. 다행히 제 곁에는 저 같은 몽상가
가 한 명 더 있었습니다.

김광수 그분이 누구입니까?

곽영훈 어렸을 때부터 집안끼리도 잘 알고 미국 유학 시절 친하
게 지낸 김석원 전 쌍용그룹 회장입니다. 그때는 김 회장

이 쌍용그룹을 물려받기 전이었죠.

미국에서 같이 유학 중이던 1968년 어느 날, 김 회장이 살던 동네에서 평소처럼 이런저런 이야기를 나누다가 김 회장에게 자동차 사업도 좋지만, 대관령 부근에 스키 리조트를 하나 만들어보면 어떻겠냐고 제안했습니다. 먼 미래에 한국에서 동계올림픽을 열 수 있도록 미리 겨울 스포츠 대중화에 필요한 인프라를 만들어놓자는 아이디어였습니다. 김 회장은 호탕하게 그러자 하더군요.

우리나라가 스키장을 지은 적이 없으니 두 차례 동계올림픽을 열었던 스위스 생 모리츠에 가서 스키 리조트를 살펴보고 벤치마킹하면 좋겠다고 말하니, 김 회장이 정말로 생 모리츠에 다녀왔습니다. 그리고 한국으로 돌아가 평창 발왕산에 스키 리조트를 건설했습니다. 그곳이 바로 1975년 개장한 국내 최초의 스키장 용평리조트이지요.

김광수 김석원 회장도 배포와 추진력이 어마어마하시네요.

곽영훈 그렇지요. 김 회장은 평당 1원에 100만 평, 총 100만 원에 발왕산을 샀다고 농담처럼 이야기하더라고요. 발왕산이 자기에게 오라고 손짓하는 것 같더랍니다.

하지만 그런 가벼운 농담 뒤에 피땀이 서려 있음을 잘 알지요. 1970년 초반 우리나라에는 스키장 건설에 대한 공식 규정이나 가이드도 없고, 스키장에 가본 사람도 드물었기에 관계자들에게 A부터 Z까지 하나하나 설명해가며 스키장을 지었다더군요.

김광수　　용평리조트 스키장을 시작으로 우리나라에서도 겨울 스포츠가 꽃폈으니, 용평 스키장을 평창동계올림픽 인프라 1호라 칭해도 과언이 아니겠습니다.

시민의 힘으로, NEO 평화 올림픽 운동

곽영훈　　우리나라에도 대형 겨울 스포츠 행사를 치를 수 있을 만큼의 인적·물적 인프라가 충분해졌다는 확신이 들자, 강원도에 동계올림픽 유치를 제안했습니다.

1990년대부터 업무차 강원도지사실에 방문할 때마다 동계올림픽 이야기를 꺼냈는데, 김진선 도지사 재임기(1998~2010)에 제 건의가 받아들여졌습니다. 김 도지사는 임기가 끝난 이후에도 평창동계올림픽 유치 프로젝트의 선봉을 맡아주셨습니다.

그렇게 3수 끝에 2011년 IOC 총회에서 평창이 제23회 동계올림픽 개최지로 확정됐습니다. "평창!" 자크 로게 IOC 위원장의 목소리가 회의장에 울려 퍼지던 순간 온몸에 전율이 일었습니다.

김광수 '이제 됐다!' 싶으셨겠습니다.

곽영훈 그렇습니다. 하지만 안심하기에는 아직 넘어야 할 산이 많았습니다. 서울올림픽과 마찬가지로 평창동계올림픽 준비 시기에도 국내외 정세가 불안정했거든요.

김광수 네, 저도 기억합니다. 북한의 핵무기 개발과 장거리 미사일 발사 문제로 남북 간의 긴장감이 한껏 고조되었지요. 트럼프 미국 대통령이 북한에 군사적 대응을 시사하는 강경 발언을 연일 쏟아내고, 대북 제재의 수위를 높이면서 한반도에 다시금 전쟁의 그림자가 드리웠고요.

곽영훈 맞습니다. 한반도에서의 안전이 보장되지 않으면 올림픽에 불참하겠다는 나라도 등장하고, 외신들도 평창동계올림픽의 실패를 예견하는 기사를 속속 쏟아냈습니다.

김광수 어쩐지 서울올림픽의 데자뷰 같네요. 이번에도 평화 올림픽 운동을 전개하셨을 것 같은데요.

곽영훈 그렇습니다만, 서울올림픽 때처럼 큰 조직을 결성하지는 못했습니다. 대신에 2017년 연말부터 잠실 올림픽공원 '영원한 평화의 불' 앞에서 평창동계올림픽의 평화로운 진행을 호소하는 집회를 열었습니다.

이 행사 이후 평창동계올림픽 개막 직전까지 매주 주말 자발적인 집회가 이어졌습니다. 시민들은 한겨울의 매서운 추위 속에서 〈손에 손 잡고〉를 개사해 부르며 한반도 평화와 올림픽 성공을 기원했지요.

전 세계에 보낼 평화 올림픽 호소문도 작성했는데, 이번에는 명망가뿐 아니라 일반 시민들에게까지 호소문을 발송했습니다. 지지 서명을 모아놓고 보니 각계각층이 골고루 섞여 있었습니다.

평창동계올림픽 평화 운동을 진행하면서 시민의 힘을 실감했습니다. 30년 사이 우리 사회가 많이 바뀌었구나 싶었습니다. 전 세계가 물질적으로뿐 아니라 정신적으로도 성숙해졌음을 느꼈습니다.

함께 꾸는 몽상은
몽상이 아니다

김광수   잘 알려졌다시피, 김정은 북한 국무위원장이 2018년 신년사에서 평창동계올림픽 참가 의사를 밝히며 분위기가 단번에 반전되었지요. 불과 석 달 전까지만 해도 '북한이 올림픽 개최를 방해하려고 일부러 도발하는 게 아닌가?' 하는 분석이 나올 정도였는데 말입니다.

곽영훈   자세한 내막은 잘 모르지만, 평창동계올림픽이 '스포츠 외교'의 장이 된 것만은 확실합니다. 남북 선수단 개회식 공동 입장, 여자 아이스하키 남북단일팀 결성 등으로 전 세계에 남북평화의 가능성을 시사했지요.

김광수   네, 평창동계올림픽을 계기로 문재인 대통령과 김정은 국무위원장의 회담이 성사됐고요. 동계올림픽 개최도, 남북 정상회담도 50년 전에는 터무니없는 몽상으로 여겨지던 일들입니다. 문득 존 레논이 부른 〈이매진Imagine〉의 가사가 떠오르는군요. "당신은 저를 몽상가라고 부를지도 몰라요. 하지만 저는 혼자가 아니랍니다You may say I'm a dreamer. But I'm not the only one."

곽영훈 네, 몽상도 여러 사람이 함께 꾸면 언젠가는 이루어지는 것 같습니다. 물론 언제가 될지는 예측 불가이지만요.

김광수 박사님은 글로벌 이벤트 유치를 지역 균형발전의 한 방법으로 활용해오셨는데요. 동계올림픽을 치른 강원도 지역이 앞으로 더 크게 도약하려면 어떤 노력이 필요할까요?

곽영훈 올림픽을 위해 건설한 KTX 강릉선 등의 인프라를 잘 활용한다면, 강원도의 성장을 더욱 촉진할 수 있을 것입니다. 특히 강원도 지역의 과학기술지대망을 다른 시도로까지 잇는 데 KTX가 톡톡한 역할을 하리라 예상합니다.
이 또한 몽상처럼 들리시겠지만, 가까운 미래에 강원도에서부터 북한의 개마고원 지대까지 과학기술지대망을 확장해나간다면 더할 나위 없이 좋겠지요.

한반도의 중심을 바로잡다

: 서울 및 수도권 프로젝트

오늘의 한강 풍경이
탄생한 배경

한강의
재탄생

김광수 박사님께서 유학 생활을 마치고 귀국했을 때가 1970년
대 중반이었지요? 국토개발과 도시설계에 대한 부푼 꿈
을 안고 돌아오셨을 것 같은데, 우리나라에서 개발이 가
장 시급한 지역이 어디라고 생각하셨나요?

곽영훈 한강이었습니다. 교수님께서도 기억하실 테지만, 1970년
대 산업화가 본격화되고 서울 인구가 늘어나면서 한강은
푸른 빛을 잃기 시작했습니다. 연탄재, 수박 껍질, 부서진
가구 등의 생활 쓰레기와 공장 폐수가 뒤섞여 악취가 풍

기고 있었지요. 강남 개발이 시작되기 전이었습니다. 대개 한강 이북의 사대문 안쪽만을 서울로 보고, 한강은 서울의 남단 변두리 정도로 인식했지요.

김광수 맞습니다. 그때는 '강남'이라는 말도 없었죠.

곽영훈 서울이 앞으로 세계도시로 발돋움하기 위해서는 한강 이남까지 도시의 경계를 확장하고, 도시 한가운데를 관통하는 한강을 깨끗하게 정비해야 한다고 생각했습니다. 저는 서울시립대에서 열린 학술대회에서 1977년 6월 28일 한강종합개발계획을 발표했습니다.

김광수 아니, 어떻게 날짜까지 정확히 기억하고 계십니까?

곽영훈 그날 욕을 많이 먹었거든요(웃음). 농담이고요. 그 자리에 있던 많은 사람이 격렬히 반대했습니다.

김광수 서울올림픽 유치 제안 때와 비슷한 상황이었네요.

곽영훈 네, 시절이 시절이었으니까요. 한강 개발에 대한 제 계획의 핵심은 3가지였습니다.

1. 한강 하구에 작은 댐을 지어 한강을 센강이나 찰스강처럼 호반으로 만들자. 한강 변에는 아파트 등 사유 건물을 짓지 못하도록 하자.

2. 한강은 서울의 남쪽 경계가 아닌 서울의 중심이므로, 한강 양변을 균형 있게 발전시키자.

3. 동서로 흐르는 한강과 남북으로 이어지는 북한산, 남산, 관악산을 골격으로 서울의 녹지를 조성하자. 탄천, 중랑천, 청계천 등 여러 하천을 한강과 연결하고 강변에 보행자 전용도로를 만들자.

김광수 다른 교수분들은 어떤 이유를 들어 반대하시던가요?

곽영훈 우리나라의 경제력을 알지도 못하고 센강, 찰스강 운운하는 것은 가당치 않다, 우리나라는 지형이 평평하지 않고 여름에는 집중호우로 인한 홍수가 잦으므로 강변에 시민 공원을 조성하기 어렵다, 환경을 중시한다는 사람이 자연녹지를 훼손하고 강변에 콘크리트를 바르자고 주장하다니 이해가 안 된다… 등이었죠.

김광수 토목공사를 잘 모르는 사람이 듣기에는 그럴듯해 보이는 말씀들인데, 박사님은 사방에서 날아오는 공격에 어떻게 대처하셨습니까?

곽영훈 먼저 공사 비용 문제에 대해서는, 강바닥의 모래를 퍼다 팔면 시민의 세금을 쓰지 않고도 예산을 마련할 수 있다고 말씀드렸습니다.

지형과 기후 조건에 대한 지적에는, 남한강 상류에 북한강의 소양강댐 같은 댐을 지으면 한강의 수량을 조절할 수 있다고 반박했지요.

안수한 서울대 공대 교수가 뜻밖의 구원 투수로 등판해 '수자원 문제는 토목공학적으로 해결할 수 있다.'라며 제 주장에 힘을 실어주셨습니다.

김광수 한강 개발이 친환경 개발이 맞냐는 의문에 대해서는 어떻게 받아치셨습니까?

곽영훈 "어차피 서울은 천만 인구가 사는 도시가 될 텐데, 강변을 자연 상태 그대로 놔둘 수만은 없습니다. 안전을 위해서라도 부분적으로 인공설치물을 설치해야 합니다. 대신에 한강 둔치의 녹지를 보존하면 됩니다."

이렇게 말한 뒤 수초가 자랄 수 있는 공법들을 열거했지요. 아무도 반대 의견을 내놓지 않았습니다. 게임 오버였습니다.

한강을 따라, 올림픽대로

곽영훈   충주댐 건설을 비롯한 한강종합개발계획은 지지부진하게 실행되다가 서울올림픽 유치 후 급물살을 탔습니다. 주요 목표는 한강을 따라 자동차 전용도로인 '올림픽대로'를 깔고, 강변에 시민공원을 조성하는 것이었지요.

서울올림픽 유치가 확정된 후 선수단과 관람객들이 김포국제공항에서 잠실 올림픽공원으로 이동할 동선을 따라 가보니 너무 복잡했습니다.

"새로운 도로가 필요합니다. 교통 불편을 해결하지 않으면 올림픽을 반납하는 게 차라리 나을 것입니다." 김재익 청와대 경제수석께 말씀드렸더니, 그분이 그러시더군요.

"곽 후배가 '국토 대통령'인데, 그렇게 합시다."

김광수　'경제 대통령'이 인정한 '국토 대통령'이시군요.

곽영훈　(웃음) 김 수석께서 더 열심히 일하라고 비행기를 태워 주신 게지요. 김 수석께서 확실히 밀어주시고 현대건설, 대우건설 등 대형 건설사들이 공사에 참여한 덕분에 1986년 올림픽대로가 세상의 빛을 보게 되었습니다.

김광수　한강 유역 정비, 충주댐과 올림픽대로 건설, 한강시민공원 조성…. 한강종합개발계획은 결과적으로 소기의 목표를 달성한 듯 보이는데요. 혹시 개인적으로 미련이 남는 부분은 없으신가요?

곽영훈　모든 프로젝트에는 항상 미련이 남지요. 한강 개발에 관해 못내 아쉬운 것은 노량진 북단의 노들강변과 뚝섬, 그리고 광나루 지역을 원래 모습 그대로 보존하지 못한 것입니다. 녹지 공간으로 남겨두고 싶었는데 그러지 못했습니다. 서울의 주거 공간이 부족해지면서 막무가내로 아파트가 들어섰지요. 병풍처럼 강변에 늘어선 아파트들을 볼 때마다 참으로 안타깝습니다.

대학로를
영원한 낭만의 거리로

서울 도심의
설계자

김광수   박사님께서 경력 초기에 구자춘 전 서울 시장과 프로젝트
를 많이 하셨더군요. 대학로 도시설계, 한양 성곽 복원, 마
포구 도시설계…. 심지어 지하철 2호선 계획까지!

곽영훈   네, 구자춘 시장 재임 시절(1974~1978)에 서울시 도시설
계 프로젝트를 여러 건 건의하고, 여건이 되면 제가 직접
사업을 진행하기도 하고 그랬지요. 그분이 내무부(현 행정
안전부) 장관으로 자리를 옮기신 뒤에는 전국 단위의 장기
프로젝트를 함께했으니, 1970년대 내내 파트너로 지낸

셈이죠. 구 시장께서 포병 장교 출신이시다 보니 지도를 보는 안목이 뛰어나고 추진력도 대단하셔서 저와 손발이 잘 맞았습니다.

김광수 가만히 보니 박사님께서는 주어진 일을 의뢰받기보다는 스스로 일을 만들어 제안하는 편을 더 좋아하시는 것 같습니다.

곽영훈 누가 시켜주기를 기다리다간 너무 늦거든요. 제 머릿속에 그려놓은 우리나라의 청사진을 하루라도 빨리 실현하고 싶은 마음에 몸이 먼저 움직입니다. 제 스타일이 이렇다 보니, 김재익 수석이나 구자춘 시장같이 실무자를 전적으로 믿어주시는 공직자분들을 만나면 건축가로서 신이 나지요.

대학로
상실의 위기

김광수 요즘에는 혜화역 부근의 문화예술 거리 '대학로'의 '대학'

이 서울대학교를 가리킨다는 것을 아는 사람이 별로 없을 것 같습니다. 지금은 의과대학만 대학로에 남아 있지만 원래는 서울대학교 캠퍼스가 동숭동에 있었지요.

1970년대에 박정희 정부가 경성제국대학의 흔적을 지우고 분과별로 여기저기 흩어져 있는 대학 건물을 한곳에 모은다는 명목으로 의대를 제외한 모든 대학 기관을 신림동으로 이전시키기 전까지 말입니다.

곽영훈 교수님께서 서울대 문리대 출신이지요. 정든 캠퍼스가 사라졌으니 섭섭하시겠습니다.

김광수 사실 섭섭함보다는 분노가 더 큽니다. 유신정권이 반정부 시위를 탄압하기 위해 시위의 진원지였던 동숭동 캠퍼스를 없애려 했다는 의심을 떨칠 수 없거든요.

곽영훈 교수님의 심정, 충분히 이해합니다.

김광수 그래도 대학로가 완전히 없어지지 않고 문화예술 거리로 보존됐으니 참 다행입니다. 정부의 원래 계획은 대학로를 아파트촌으로 바꾸는 것이었다지요?

곽영훈   네, 1975년에 육영수 여사 기념관 건립 건으로 문화공보
부(현 문화체육관광부) 윤주영 장관을 만난 날 그 계획을 우
연히 전해 들었습니다. 며칠 뒤 꺼림칙한 느낌이 들어 대
학로에 가보니 아름드리 은행나무를 통째로 뽑는 공사
가 진행되고 있지 않습니까. 저는 펄쩍펄쩍 뛰며 절대 안
된다고, 공사 중지를 요청했습니다. 다행히 공사 인부들
이 순순히 공사를 멈춰주셨습니다. 참 아찔한 순간이었습
니다.

저는 곧바로 윤 장관을 통해 소개받았던 구자춘 서울 시
장에게 전화를 걸었습니다. "구 시장님, 이거 안 됩니다.
나무 캐가는 것부터 중지시켜주세요. 제발 부탁입니다.
여기는 500년 전통의 성균관대학교가 있고 서울대학교의
추억이 깃들어 있는 곳입니다. 이런 곳에다 아파트를 짓
는 것은 역사와 지성을 동시에 생매장하는 일입니다."

그러면서 마로니에공원 주변을 지성과 예술의 문화공간
으로 꾸며야 한다고 간절히 호소했습니다. 다행히 구 시
장께서 제 목소리에 귀 기울여주셨지요.

김광수   그렇게 대학로 철거 계획이 무산되고 박사님께서 대학로
의 새로운 설계를 맡으셨군요.

곽영훈 네, 정부 차원의 계획을 뒤엎고 신인 건축가에게 새로운
프로젝트를 맡기다니, 요즘 같으면 쉽지 않은 결정입니
다. 물론 당시에도 어려운 일이었지만요.

새로운 대학로 풍경을
디자인하다

김광수 박사님이 대학로를 설계하실 때 고민을 많이 하셨을 것
같습니다. 대학 건물을 없애면서도 대학의 정취는 살리고
싶었을 것이니 말입니다. 구체적으로 어떤 공간을 구현하
고 싶으셨습니까?

곽영훈 당시 저의 심정을 잘 짚어주셨네요. 저는 한마디로 'Ser-
endipity(뜻밖의 발견)'의 장을 만들고 싶었습니다. 기성세
대와 새로운 세대가 우연히 만나 자유롭게 대화를 나누고
교감할 수 있는 공간을 꾸리고 싶었습니다. 우연한 만남
이 좋은 인연으로 이어진다면 더더욱 좋고요. 학술과 예
술을 사랑하는 사람들이 뜻밖의 인연과 영감을 얻어갈 수
있는 그런 공간을 목표로 설계를 했지요.

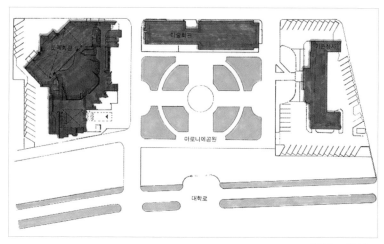

▲ 대학로 도시설계도

더불어 '공연 예술Performing art'과 '환경 예술Environmental art'이 꽃피울 수 있도록 공연장과 환경미술관도 입지시키고 싶었습니다.

김광수 지금의 대학로와 박사님의 설계도 속 대학로는 얼마나 일치하나요?

곽영훈 완벽히 일치하지는 않지요. 김수근 선배에게 건물 건축설계를 양보하면서 설계도가 수정되기도 했고요. 제가 꼭 만들고 싶었던 학술원과 예술원은 설계 도면에서 지워졌지만, 전체적인 콘셉트와 공간배치는 그대로 구현되었습니다.

건물 가운데에 커다란 구멍을 뚫어 주변 경관을 가리지 않게끔 하는 건축 기법은 대학로 설계 때 처음으로 시도한 것인데, 나중에 제가 설계에 참여하거나 자문한 세종문화회관, 서초동 예술의전당, 용산 국립중앙박물관에도 그대로 적용됐습니다.

김광수 대학로에 문화예술 거리가 조성되면서 전국 곳곳에 흩어져 있던 문화예술인이 새로운 보금자리를 찾아 모여들었습니다.

오늘날 대학로 일대는 세계적으로도 보기 드문 공연장 밀집 지역이지요. 여러 대학의 문화예술 학과도 대학로에 캠퍼스를 두고 있고요.

우리 세대가 동숭동 캠퍼스를 주축으로 한 대학로를 배경으로 젊은 날의 추억을 쌓았다면, 우리 다음 세대는 연극 무대와 거리 공연으로 가득 찬 새로운 대학로에서 꿈과 낭만을 키워가고 있는 것 같습니다.

대학로의 설계자로서 뿌듯하시죠?

곽영훈   그럼요. 제가 디자인한 '삶터' 안에서 사람들이 알콩달콩 사는 모습을 보면 기분이 참 좋습니다. 교수님은 이 맛을 모르실 것입니다.

서울 지하철
2호선의 비밀

세계 최초
원형 노선

김광수 외국에서 온 제 지인들은 서울 지하철을 타보고는 하나같이 너무 편리하다고 감탄합니다. 수도권 어디든 갈 수 있고, 요금도 싸고, 환승도 잘 되고, 냉난방 시설도 완비되어 있고….

특히 서울 지하철 2호선은 1~9호선과 모두 연결된 수도권 교통망의 중추인데요. 2호선이 박사님의 작품이라는 것을 아는 사람은 드물 것입니다. 사실은 이 대담을 준비하기 전까지는 저도 몰랐으니까요. 조금 섭섭하시겠습니다.

곽영훈   많이 섭섭합니다(웃음). 농담이고요. 그런 일이 한두 가지
가 아니니 신경 쓰지 않습니다. 그리고 사실 저 혼자 만든
작품도 아니고요. 공사 현장만 해도 지하 공간을 마련하기
위해 6시간씩 4교대로 땅을 파 내려간 사람들, 콘크리트를
부은 사람들, 전선과 배관시설을 설치한 사람들…. 미처 다
열거할 수 없는 수많은 이의 노력이 투입되었습니다.
지하철뿐 아니라 '곽영훈의 작품'이라 불리는 모든 건물
과 시설이, 사실은 이름이 알려지지 않은 여러 사람의 땀
이 서린 합작품입니다.

김광수   우문에 현답을 해주시는군요. 박사님께서는 어떻게 지하
철 건설을 구상하게 되었나요?

곽영훈   1976년이었을 것입니다. 이촌향도離村向都 현상이 나날이
심해지며 서울의 인구가 기하급수적으로 증가하는 모습
을 지켜보니 서울의 미래가 걱정됐습니다. 당시 서울 인
구가 600만~700만 명 정도였는데, 얼마 안 가 천만 명을
돌파하리라는 것을 쉽게 예상할 수 있었습니다.
1970년대에는 세계의 모든 대학의 도시계획학과에서는
인구 밀도가 높은 중심지에 상설업무지구를 조성하라 가

르쳤고, 그것이 도시계획의 정석으로 여겨졌습니다. 서울의 경우, 사대문 안은 1934년에 조선총독부가 작성한 '조선시가지계획령'에 따라 모두 상업지구로 지정되어 있었고요.

천만 인구 시대의 서울에 관습적인 도시계획 이론이 맞아떨어질 것 같지 않았습니다. 한강 이북 사대문 안에 천만 명이 모여 산다? 서울이 콩나물시루처럼 될 게 불 보듯 뻔했습니다. 난개발과 교통체증으로 서울의 물, 공기, 땅은 병들어갈 테고요.

'중심지에 쏠릴 개발 압력을 어떻게 밖으로 분산시킬 것인가? 강남을 개발한다면, 강북과 강남의 시민들이 서로를 같은 도시의 시민으로 인식하게 할 방법은 무엇인가?' 이런 물음 끝에 '지하철'이라는 답이 나온 것입니다.

보통은 이미 개발된 곳에 지하철이나 도로를 깔지 않습니까? 그런데 저의 설계도 속 서울의 2호선은 한강을 중심으로 수백 년간 서울의 중심지였던 강북의 도심과 논밭으로 덮인 농촌 지역이던 강남을 원형으로 감쌉니다. 경제 수준의 격차가 심한 강북과 강남을 하나의 대중교통권으로 묶어야 향후 두 지역이 비슷한 수준으로 발전하리라 예상했거든요.

김광수 서울의 거대 도시화에 대비하기 위해 지하철을 구상하셨
다니, 박사님이 어떤 방식으로 일하시는지를 잘 보여주는
군요. 그런데 위치로 보나 형태로 보나 서울 지하철 2호
선 노선은 특이한 사례이지요?

곽영훈 네, 일반적인 설계는 아니었지요. 제 설계도를 받아보신
구자춘 시장도 당황스러워하며 물으셨습니다. "노선이 시
작점이 있고 종착점이 있어야지 이렇게 빙글빙글 돌아가
도 되는 건가요?"
저는 선례는 없지만 가능하다고, 시장님께서 세계 최초로
순환형 지하철 노선을 만든 역사의 주인공이 되시는 거라
고 답했지요.

김광수 시장님이 좋아하셨겠습니다.

곽영훈 (웃음) 2호선 노선 설계는 전광석화로 진행되었답니다.

김광수 그런데 왜 2호선은 1호선이 아니라 2호선이라 이름 붙은
겁니까?

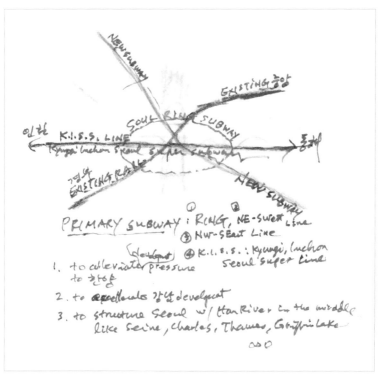

▲ 서울 지하철 노선 스케치

곽영훈 기존 경부선의 서울역과 중앙선의 청량리역을 단순히 이
어놓고 '1호선'이라 명명해 개통해버린 바람에 저의 1호
선이 2호선으로 바뀌었습니다.

그리고 제가 2호선으로 계획했던 다른 노선은 지금 3호
선이 되었습니다. 이 노선은 1호선 방향과 반대로 서북에

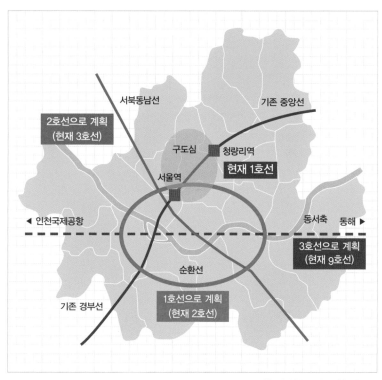

▲ 서울 지하철 노선의 계획과 실제

서 동남으로 대각선으로 가도록 해서, 서울 교통수단의
균형을 맞추었습니다.

또한, 3호선으로 계획한 것은 지금의 9호선과 비슷하게
동서로 길게 인천국제공항까지 뻗어 나가는 선형으로 구
상했습니다. 서울, 인천, 경기도의 광역 수도권이 신진대

사가 잘되는 메타폴리스Metapolis(Metabolism+Polis)가 되도록 구상했기 때문입니다. 강릉과 동해까지 연결할 것도 생각했습니다. 결국, 2018 평창동계올림픽 때 엇비슷한 선형으로 KTX선을 연장 건설했습니다.

김광수　지금의 1호선은 명목상의 1호선이고 2호선이 실질적인 1호선이군요.

곽영훈　그렇습니다.

계단 하나도
섬세하게

곽영훈　2호선 착공 당시 구자춘 시장의 요청으로 사람과환경그룹에서 선진국의 역사를 벤치마킹해 홍대입구역, 합정역, 당산역, 서울대입구역, 낙성대역 등 5개 지하철 역사를 시범설계 했습니다. 그 과정에서 무엇보다 이용객의 편리와 안전, 그리고 관리의 용이성을 중요시했습니다. 특히 수많은 시민이 오르내리는 계단에 신경을 많이 썼습니다.

지하철 계단은 보통 판석으로 만들어졌는데 판석은 충격에 약해 잘 부서졌습니다. 이에 계단 소재를 더 단단한 화강석 통석으로 바꿨습니다. 화강석 통석 끝부분은 약간 예각으로 깎고 뾰족한 모서리는 부드럽게 마모시켰습니다. 계단의 경사도를 30도 정도로 낮게 설계해 시민들이 편하고 안전하게 오르내릴 수 있도록 했고, 계단과 벽 사이에 3~4센티미터 간격을 두어 비가 오는 날 물이 잘 빠지고 청소하기 쉽게 만들었습니다.

김광수 계단의 각도까지 신경 쓸 정도로 정성을 다했군요.

곽영훈 눈에 잘 띄지 않는 부분까지 가능한 한 꼼꼼히 챙겨야 비로소 쓸 만한 건축물이 완성되지 않나 생각합니다. 누군가에게는 별것 아닌 것처럼 보이는 디테일이, 다른 누군가에게는 꼭 필요한 요소가 될 수도 있으니까요.
어쨌든 현재 전국의 모든 지하철역 계단은 이런 식으로 설계되고 있습니다. 2호선의 계단이 지하철 계단의 표준으로 자리 잡은 것이지요. 장애인이나 노약자를 위한 에스컬레이터 설치도 계획했는데, 그건 조금 늦게 실현되었습니다.

전략적
침묵

김광수   지하철 노선과 역사는 처음 만들어보셨는데, 교통 인프라
를 설계하고 건축하는 일은 건물이나 도시를 짓는 것과는
많이 달랐을 것 같습니다. '이건 이렇게 해야 했는데…'
싶은 점들이 있으신가요?

곽영훈   사대문 안 역의 수를 더 줄였어야 했습니다. 사대문 안은
유서 깊은 곳이니만큼 옛 모습을 잘 보존해야 하는데 말
이지요. 역사 신축과 역세권 개발 붐으로 오래된 건물들
이 사라져버려 너무 안타깝습니다.
지하철로 모든 교통체증을 해결하려 할 게 아니라, 경량
의 트램Tram이나 전기버스 같은 다른 교통수단과의 융복
합을 고려했다면 더 좋았을 것 같습니다. 예컨대 파리는
메트로(지하철)와 RER(지역 간 간선철도), TGV(고속철도)가
긴밀하게 연결되어 있습니다. 더 넓은 선택지를 열어두고
서 교통 인프라를 설계했어야 하지 않나 후회가 되네요.

김광수   그래도 너무 자책하지는 않으셨으면 좋겠습니다. 박사님

께서 앞서 말씀하신 대로 아쉬움이 남지 않는 완벽한 프로젝트란 이 세상에 없으니까요.

곽영훈   네, 격려해주셔서 고맙습니다.

그런데 지하철 건설과 관련해서 제가 가장 후회하는 점은, 힘의 논리에 밀려 노선을 원래 설계대로 만들지 못한 것입니다. 어떤 지역에 '힘 있는 사람'이 있으면, 그 지역에 유리한 쪽으로 노선이 바뀌었습니다. 부당한 요구라고 생각했지만, 일정이 촉박하니 참고 넘겼습니다. 전략적 침묵이었지요.

그 결과 노선이 구불구불해졌습니다. 불필요한 환승을 최소화하지 못했고요. 그때는 구부러진 노선은 나중에 펴면 된다고 생각했는데, 여태 제자리걸음입니다. 그렇지만 언젠가 기회가 오겠지요?

모두가 반대한
인천국제공항 건립

동북아 허브공항의
최적지

김광수 교통 인프라 관련 이야기가 나온 김에 하늘길로 눈을 돌려볼까요?

곽영훈 좋습니다. 인천국제공항 프로젝트로 화제를 돌려보죠.

김광수 인천국제공항이 문을 연 지 어느덧 20년이 넘었더라고요. 2001년 개항했으니까요. 김포국제공항이 버젓이 있는데 왜 김포와 인접한 인천에 새로운 국제공항 건립을 제안하신 건가요?

곽영훈 우리나라에 동북아시아 허브공항을 만들고 싶었기 때문
이지요.

김광수 좀더 알아듣기 쉽게 설명해주실 수 있을까요? 일단 '허
브Hub'가 무엇을 의미하는지 궁금합니다.

곽영훈 허브는 자전거 바퀴의 살이 모이는 중심축 같은 곳을 말
합니다. 허브공항은 국제 교통의 중심에 있는 공항을 뜻
하지요.
인천국제공항 건립은 해외 허브공항들의 등장에 자극받
아 구상했습니다. 1990년대 들어 일본의 간사이, 홍콩의
첵랍콕, 말레이시아의 쿠알라룸푸르 등에 허브 역할을 담
당하는 국제공항이 하나둘 개항했는데요.
지정학적으로 동북아시아의 중앙이 어딜까 하고 살펴보
니 서울을 둘러싼 우리나라의 수도권이더라고요. 중국의
서울이 베이징北京, 일본의 서울이 도쿄東京라면 우리나라
의 서울은 '중경中京'인 셈이죠. 그래서 제 마음에 발동이
걸렸습니다.

김광수 서울 주변 수도권이라면, 김포도 조건에 맞지 않나요?

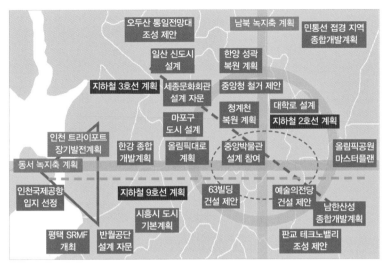

▲ 서울 및 수도권에서 진행한 프로젝트들

곽영훈　저는 서울을 도시, 농촌, 해양이 통합된 환경도시로 만들
려면, 그 화폭이 최소 6340제곱킬로미터는 되어야 한다
고 생각했습니다. 현재 서울의 행정 공간 600제곱킬로미
터만으로는 세계적인 환경도시를 만들기 어렵다고 판단
했지요. 서울, 인천, 경기도를 합하면 6000제곱킬로미터
정도가 되기 때문에, 이들 지역을 메타폴리스, 즉 유기적
으로 공생하며 발전하는 광역 수도권으로 묶으면 되겠구
나 싶었습니다.

우선 수도권 지도를 펼쳐 인천부터 서울을 거쳐 남양주

팔당의 동쪽까지 동서로 곧게 쭉 뻗는 축을 긋고, 인천 영종도에서 동해와 삼척을 거쳐 울릉도와 독도까지 이어지는 긴 동서 녹지축을 만들었습니다.

다음으로는 북악산부터 남산, 용산, 우면산을 거쳐 관악산까지 직선으로 연결하고, 서울의 내사산內四山(북악산, 낙산, 남산, 인왕산)은 물론 외사산外四山(북한산, 관악산, 용마산, 덕양산) 능선을 잇는 긴 남북 녹지축을 그렸지요.

서울을 중심으로 환형 도로를 겹겹이 건설하면 경기도 지역은 서울을 감싸는 둥근 도넛 모양이 됩니다. 그리고 도넛의 겹마다 도시와 농촌이 교차하도록 설계하면 이상적인 환경도시가 조성되리라 예상했지요.

김광수 그렇다면 박사님께서는 동서 녹지축의 서단에 있는 인천 영종도를 허브공항의 최적지로 보신 거군요.

곽영훈 맞습니다.

제안과 설득의
원칙

김광수   늘 그렇듯이 이번에도 격렬한 반대에 부딪혔을 듯합니다.

곽영훈   하지만 다음 3가지 주장으로 국가행정 의사결정권자를
설득해냈지요.

1. 다른 선진국도 이렇게 했다.

2. 이 사업이 당신의 업적이 될 것이다.

3. 풍수지리가 정말 좋다.

보통 이런 식으로 이야기하면 공공정책의 당위성이 만들
어집니다.

김광수   단순명쾌하군요.

곽영훈   '허브'라는 개념이 보편화되지 않은 시대에는 '동북아 허
브'를 운운하기보다 '다른 나라에도 이런 허브공항이 2개
씩 있는 경우가 많다.'라는 말이 설득 효과가 더 빠릅니다.
"파리를 보라. 오를리공항과 드골공항이 있지 않은가? 런
던에는 개츠윅공항과 히드로공항이 있고, 도쿄에도 하네

다공항과 나리타공항이 있다." 이런 식으로 말이지요.

김광수 "이 사업이 당신의 업적이 될 것이다."는 역사에 이름을 남기고 싶어 하는 이들의 명예욕을 자극하고, "풍수지리가 정말 좋다."는 한국인의 정서에 딱 맞는군요.

곽영훈 그렇습니다. 하지만 인천국제공항 건의 경우, 제안이 정책화된 다음에도 '왜 그곳이어야만 하는가?'라는 질문에 계속 시달려야 했습니다.
'북한과 가깝다.' '안개가 많다.' '왜 김포공항과 같은 쪽이냐?' '조수 간만의 차가 심하다.' '왜 간척을 해서 해양환경을 훼손하느냐?' 반대 의견이 참 많았습니다. 그래서 시화지구, 군산 등이 대안 입지로 대두되기도 했습니다. 오죽하면 손숙 환경부 장관이 라디오 인터뷰에서 "곽 교수님, 책임지실 수 있습니까?"라고까지 발언하셨겠습니까. 늘 그렇듯 빠듯한 예산에 전전긍긍해야 했고요. 공항 건물은 어찌어찌 정부 예산으로 공사를 시작하고, 공항과 서울 간의 철도 건설은 현대그룹이 맡았는데, 신설 고속도로 건설 비용은 어떻게 마련해야 할지 막막하더군요.

김광수 어떻게 문제를 해결하셨습니까?

곽영훈 1995년 국내 주요 기업들에 컨소시엄 결성을 요청했지요. 대우, 삼성, SK, 롯데 등의 이사진을 힐튼호텔 한식점에 모았습니다.

다행스럽게도 BOT(Build-Operate-Transfer) 방식으로 톨게이트를 비롯한 고속도로를 지을 수 있게 되었습니다. 기업들이 인프라 건설 비용과 시공을 맡는 대신, 인프라가 완성되면 일정 기간 운영 수익을 가져간 다음 정부에 해당 인프라를 넘기는 사업 모델이었지요.

김광수 박사님은 건설 작업에 직접 참여하지 않으셨나요?

곽영훈 저에게는 확고한 원칙이 있습니다. 제가 제안한 정책에서 파생되는 사업에는 웬만해서는 참여하지 않는다는 원칙입니다. '일감을 받기 위해 정책을 제안한다.'라는 오해를 원천 봉쇄하기 위해서입니다. 이 원칙대로 지난 40~50년 동안 지하철 건설 건과 같이 시범을 보일 수밖에 없는 경우를 제외하고는 정책 제안이나 마스터플랜 단계까지만 관여했습니다.

김광수   박사님께서 그토록 많은 프로젝트를 맡으시고도 부자가 되지 못한 이유를 알겠습니다(웃음).

다시 돌아온
청계천

김광수 이명박 서울 시장 시절의 청계천 복원 사업도 박사님께서 제안하셨다고 들었는데, 솔직히 저는 복원된 청계천을 보고 실망했습니다. 시멘트로 만든 인공 수로더군요. 물도 한강에서 끌어온 것이고요. 전형적인 '보여주기식 행정'의 산물로 보였습니다.

곽영훈 그렇게 보일 수도 있을 것 같습니다. 청계천이 그런 모습으로 복원될 수밖에 없었던 이유를 설명할 시간을 좀 주시겠습니까?

청계천은 오랜 옛날부터 왕들을 골치 아프게 만든, 치수하기 어렵기로 악명 높은 하천이었습니다. 비가 오지 않을 때는 생활 하수가 흘러들어 악취가 진동하고, 장마 때는 홍수가 났지요. 그런 문제를 해결하기 위해 1970년대까지 청계천 복개 사업이 추진됐습니다. 복개된 청계천 위에는 청계고가도로가 건설되었고요.

그런데 1990년대 들어 청계천의 복개 구조물과 청계고가도로가 노후화되어 안전 문제가 대두됐습니다. 고가도로 일대는 하수 처리가 원활하지 않아 가스가 많이 찼고, 주민들은 가스 폭발의 위험을 안고 살아야 했습니다. 하지만 청계고가도로 상가 사람들의 생계가 걸려 있기에 청계천을 복원하는 사업은 함부로 추진하기 어려웠습니다.

그러다 종로구에서 당선된 이명박 국회의원과의 식사 자리가 생겨 보스턴의 '빅딕Big Dig 프로젝트'를 본떠 청계천을 되살리면 어떻겠냐고 여쭤보았지요.

김광수   빅딕 프로젝트가 무엇인지요?

곽영훈   1950년대에 보스턴을 관통하던 고가도로 'Route 95'를 철거하고 대신에 지하도를 건설한 프로젝트입니다.

정치적 포부가 있고 건설을 잘 아는 이명박 의원은 서울 시장에 출마하면서 청계천 복원을 주요 공약으로 내세웠습니다. 이미 보스턴에서 빅딕 프로젝트의 현장을 보고

온 뒤였죠.

그리고 취임 이듬해인 2003년 1월부터 청계천 복원사업에 착수했습니다. 2005년 5.8킬로미터가 지금과 같은 모습으로 복원됐습니다.

김광수   젊은 시절 청계천 판자촌에서 잠시 살았던 저로서는 청계천의 부활이 너무나 반갑습니다만, 여전히 청계천이 시멘트로 만든 인공 하천이라는 점이 마음에 걸립니다. 자연하천에 비해 수초, 물고기 등 생물들이 서식하기에 부적합하지 않을까 싶습니다.

곽영훈   그런 걱정이라면 내려놓으셔도 괜찮을 것 같습니다. 복원전에는 청계천에 서식하는 생물종이 98종이었는데, 복원후에는 그 6.4배에 이르는 626종(식물 308종, 어류 25종, 조류 36종)으로 증가했으니까요. 특산종인 참갈겨니, 참종개, 얼룩동사리 등과 깝작도요, 알락오리, 도롱뇽 등의 서식도 확인되었답니다.

서울의 교통 시스템을 바꾼
버스 중앙차선제

김광수 서울 시내에 버스 전용차선을 만들자고 제안한 사람도 박 사님이시지요?

곽영훈 그렇습니다. 피터 린드백 볼보자동차 한국지사장에게서 "우수한 대중교통 시스템을 보려거든 브라질 쿠리치바에 가보라."라는 말을 듣고 1990년부터 1993년 사이에 쿠리 치바를 몇 차례 방문했습니다. 쿠리치바는 1971년 도시 계획을 전공한 서른세 살의 건축가 자이미 레르너가 시 장으로 임명된 후 '세계 생태 수도'로 재탄생한 곳입니다. 레르너가 관선 세 번, 민선 세 번까지 20년 넘게 시장직을 역임하면서 도시의 환경과 운영 면에서 우수한 평가를 받 았지요.

김광수 쿠리치바에 직접 가보니 어떠셨습니까?

곽영훈 '역시 건축가가 시장이 되니 도시가 잘 굴러가는구나.' 싶었습니다(웃음).

김광수 박사님께서도 시장이 되고 싶으셨겠습니다?

곽영훈 (웃음) 교수님도 참….

김광수 쿠리치바의 대중교통 시스템은 기대하신 만큼 잘 구축되어 있었나요?

곽영훈 쿠리치바에서 평소 구상해온 도시계획의 실제 모습을 부분적으로나마 보았습니다. 그곳은 대중교통이 발달하고, 자전거 도로와 보행자 도로가 잘 정비되어 있었습니다. 우리나라의 수도이자 최대 도시인 서울의 교통체증을 해결하기 위해서 쿠리치바의 교통 시스템을 벤치마킹하면 좋겠다고 생각했지요.

그래서 2003년 이명박 시장에게 쿠리치바 방문과 버스 중앙차선제 도입을 제안했고, 그다음 해부터 서울 시내

도로에 버스 전용차로가 생겼습니다. 덕분에 버스 운행시간이 단축되고 일정해졌습니다. 같은 해 버스와 지하철 간의 환승제가 시행되면서 시민들이 더 편리하게 대중교통을 이용할 수 있게 되었지요.

김광수 버스 중앙차선제도 벤치마킹의 좋은 예라고 할 수 있겠네요. 시민들의 출퇴근길과 등하굣길이 한결 가뿐해진 모습을 보고 뿌듯하셨겠습니다.

앞으로의
서울 개발 비전

김광수 박사님께서 서울과 수도권의 발전을 위해 많은 일을 하셨지요. 서울과 수도권이 앞으로 어떻게 변하면 좋겠습니까?

곽영훈 1394년 조선의 수도가 된 후 조선 중기까지 서울은 인구 10만 명 내외의 성곽도시였고, 1910년 일제 점령하에 경성으로 이름이 바뀌었을 당시의 인구는 약 23만 명이었습니다. 그런 도시가 지금 대한민국의 정치·경제·문화 중심지가 되었고, 그 안에는 우리나라 인구의 5분의 1에 해당하는 천만 명이 살고 있습니다. 그런데 60~70년대에 시작된 개발 드라이브로 소중한 문화유산과 자연환경이 너무 많이 파괴되었습니다.

그러나 서울은 여전히 자연 조건이 참 좋은 도시입니다. 폭이 1킬로미터나 되는 넓은 호수 같은 한강이 도심을 관통하고, 산과 언덕이 많아 다른 대도시에 비해 생물 다양성도 풍부한 편이지요. 한마디로 축복받은 지형입니다.

1970년대 중반까지도 서울은 산이 많아 도시개발이 어렵다며, 남산을 깎아 선진국의 대도시들처럼 지형을 평평하게 만들자는 어처구니없는 주장을 하는 교수들이 있었습니다. 그러나 지금 그렇게 말하는 사람은 없겠지요.

서울의 우수한 지형 조건을 활용하고 서울만의 특성을 살린다면 서울이 기존 선진국의 대도시들과는 차별화되는 도시가 되지 않을까 싶습니다.

김광수 좀더 구체적으로 말씀해주시지요.

곽영훈 무엇보다도 산세를 살리고 녹지축을 고려해 도시환경을 설계해야 합니다. 앞에서도 말씀드렸지요? 개발만큼이나 보존에도 주목해야 합니다.

현재 서울 중심 공원 규모만 해도 뉴욕 센트럴파크의 5배 이상입니다. 전 시가지에 녹지 비율이 늘어나면 21세기 세계에서 가장 환경친화적인 도시가 될 수 있을 것입니다.

더불어 문화재를 되도록 많이 보전하고 장기적인 관점에서 건축물을 지어나가야 합니다. 한양 성곽 복원과 북촌, 서촌 등 한옥마을 보전이 좋은 예입니다. 서울을 오래가고 특색 있는 도시로 만들어가야 합니다. 지금부터라도 백 년 뒤, 천 년 뒤를 바라보며 서울을 가꿔야 하지 않을까요?

지금 반포 지역에서는 40년밖에 되지 않은 아파트 단지를 모두 허물고 용적률을 높여 또다시 획일적인 아파트군을 짓고 있습니다. 40년, 50년이 지나면 몽땅 허물고 다시 짓겠지요. 이런 근시안적인 건축 관행은 도시의 개발과 보존 모든 면에서 해롭습니다. 도시도 살아 있는 유기체로 바라볼 필요가 있습니다.

김광수   도시를 살아 있는 유기체로 바라보라…. 박사님의 말씀을 듣다 보니 문득 지구의 궤도가 떠오릅니다. 지구는 생명체가 존재하기에 딱 알맞은 궤도로 태양 주위를 공전하고 있지요. 지구가 태양에 조금만 더 가까워지면 물이 끓어 증발해버릴 것이고, 태양에서 너무 멀리 떨어지면 물이 다 얼고 햇빛이 부족해 식물이 자랄 수 없게 될 것입니다. 그러면 생태계의 질서가 무너져 폐허가 되겠지요.

과학자들은 생명체의 생존에 필요한 모든 조건이 과하지도 모자라지도 않은 상태를 '골디락스'라고 말합니다. 박사님께서는 골디락스 상태의 지구 같은 도시를 꿈꾸시는 듯합니다.

곽영훈 지구의 예가 아주 마음에 듭니다. 제가 감히 자연의 섭리를 흉내 낼 수는 없지만, '골디락스 도시환경'을 실현하고 싶은 마음만은 굳건합니다.

김광수 네, 하지만 박사님과 같은 건축가분들께서 이러한 청사진을 제시하더라도 지역 개발 정책의 열쇠를 쥔 정치인들, 그리고 정치인을 정치인으로 만들어주는 시민들이 뜻을 함께하지 않으면 청사진은 실현될 수 없겠지요.

이제부터라도 우리 사회가 백년대계, 천년대계를 염두에 두고 서울이라는 소중한 도시를 오래오래 가꿔나가면 좋겠습니다.

한반도의 허리를 구상하다

: 대전 및 중부권 프로젝트

백지가 된 백지계획과
한반도 지도를 바꾼 620사업

비밀스러운
수도 이전 계획

김광수 박사님의 소장 자료를 전시해둔 방을 둘러보는데, '백지
계획'이라는 범상치 않은 제목이 붙은 도면이 눈에 띄었
습니다. 백지계획이란 무엇인가요?

곽영훈 한마디로 설명하면 유신정권이 은밀하게 세운 수도 이전
계획입니다. '백지계획'이란 명칭이 백지상태에서 새 행
정수도를 구상한다는 의미로 들리지만, 사실은 언제든 백
지화될 수 있다는 뜻이 더 강했습니다.

박정희 대통령은 북한이 기습 도발하면 수도인 서울이

일시에 마비될 것으로 염려한 것 같습니다. 특히 1968년 1월 21일, 무장 공비 일당이 청와대에 침투한 사건 이후 그런 고민이 깊어졌겠지요.

1970년대 들어 정부는 수도 이전 계획을 암암리에 구체화하기 위해 프로젝트 내용과는 전혀 무관한 '중화학기획단' 산하에 '행정수도이전팀'을 만들고 철저한 보안 속에서 프로젝트를 기획했습니다.

행정수도 입지는 조치원과 공주 사이의 반경 10킬로미터 구릉지대로 정해졌고, 목표는 1980년 착수해 1992~1996년까지 인구 50만 명 규모의 자급자족형 복합도시를 건설하는 것이었습니다.

그리고 1977년 여름, 박정희 정부는 몇몇 대학교수에게 특별한 임무를 맡겼습니다. 홍익대학교 도시계획학과 학과장으로 있던 저도 호출되었지요.

김광수 이름에서 풍기듯 아주 비밀스러운 계획이었군요. 박사님은 주로 어떤 일을 맡으셨나요?

곽영훈 크게 3가지였습니다.

1. 신수도 전체 마스터플랜

2. 중심지구 도시환경 설계

3. 해외 신수도 사례 비교연구

당시 저는 건축과, 도시계획과, 조경학과에서 강의하느라 정신없이 바빴는데, 백지계획 작업까지 맡고 나니 하루하루가 고난의 행군이었습니다. 그때 제 나이가 서른다섯이었으니까 버틸 수 있었을 것입니다.

김광수 박사님의 앞길을 막으려 했던 박정희 대통령에게 일방적으로 지시받은 프로젝트를 진행하신 셈인데, 과거의 악연을 생각하면 박 대통령을 위해서 일하고 싶지 않으셨을 것 같습니다.

곽영훈 무슨 악연이랄 것이 있겠습니까. 저는 특정 대통령을 위해서가 아니라, 나라의 미래를 위해서 일했습니다. 백지계획의 성패와 상관없이 우리나라 도시 건축사에 모범사례로 남을 만한 무언가를 만들어내고 싶었습니다.

서울을 대신할 새로운 행정수도의 마스터플랜을 앞두고, 외국의 신수도들을 둘러보러 해외에 나가게 되었습니다. 목적지는 브라질의 브라질리아, 인도의 찬디가르, 파키스탄의 이슬라마바드, 호주의 캔버라, 이렇게 4곳이었습니다.

출국 전에 '잘된 것만 보지 말고 잘못된 사례도 보고 오라.'라는 지시를 하달받았는데, 그렇지 않아도 꼭 그럴 생각이었습니다. 한 달 동안 3개 대륙을 돌고 나서 중화학기획단에 보고서를 제출했습니다.

김광수 우리나라의 행정수도는 지금까지 변함없이 서울이니, 백지계획은 무산된 건가요?

곽영훈 비밀리에 추진한다고 해도 워낙 여러 사람이 개입돼 있다보니 정보가 새어 나갔나 봅니다. 온갖 추측과 비난이 쏟아졌고, 박 대통령은 어쩔 수 없이 "백지계획은 정말 백지계획"이라고 발표했습니다. 저도 기자들 앞에 나가 박 대통령의 말을 뒷받침해야만 했지요.

그리고 1979년 10·26사건으로 박 대통령이 피살되면서 백지계획은 그야말로 백지화됐습니다.

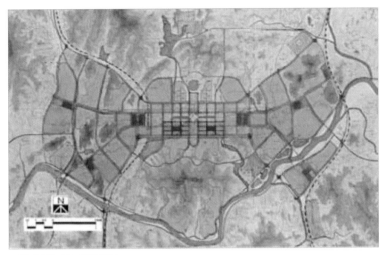

▲ 백지계획 마스터플랜 지도

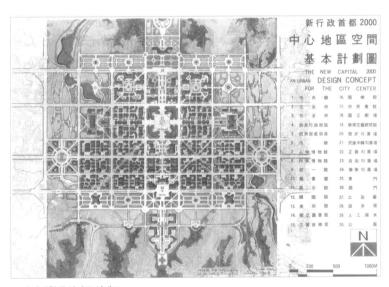

▲ 백지계획 중심지구 설계도

대전 성장의 비밀,
620사업

김광수   백지계획과 이름에서 풍기는 느낌이 비슷한 '620사업'은
        또 어떤 프로젝트였나요?

곽영훈   유사시를 대비해서 수도의 기능을 대체할 수 있는 새로운
        도시를 설계하는 작업이었습니다.

김광수   620사업이라는 이름의 뜻은 무엇인가요?

곽영훈   저도 잘 모릅니다. 짐작이지만 김재익 수석과 제가 처음
        논의를 시작한 날짜가 6월 20일이어서 그렇게 명명한 것
        같습니다. 저와 김 수석은 '긴급사태대책'이라고 주로 불
        렀지만요.

김광수   어쩌다 또다시 호출되신 겁니까?

곽영훈   백지계획 당시 신수도 마스터플랜을 짰던 사람이기 때문
        인 것 같습니다. 1980년 전두환 정부가 들어서고 나서, 김

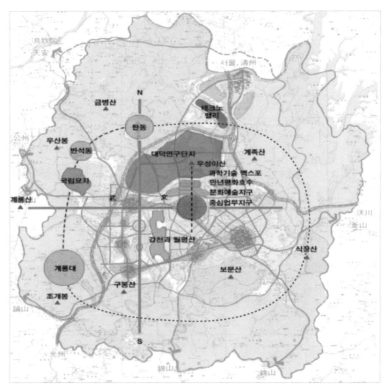

▲ 620사업의 일환인 대전시 마스터플랜 구상도

수석이 저를 따로 불렀습니다. "곽 교수님, 중요한 부탁인데 오직 나라를 위해 한 가지 일을 해주셨으면 합니다."

"무슨 말씀이십니까?"

"국방 차원에서 그리고 국가 경제 발전을 위해서 유사시에 대비한 국토종합계획을 시급히 마련해주세요. 백지계

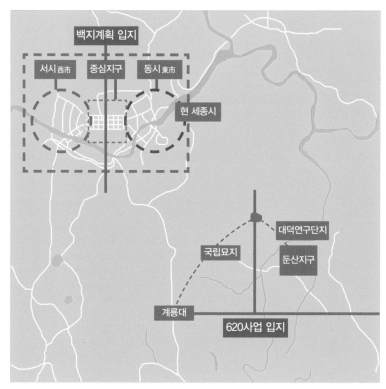

▲ 백지계획, 620사업의 입지

획 때처럼 여러 교수와 함께하지 마시고, 혼자서 보안을
지키면서요. 교수직도 버리고 이 국가사업에만 전념해주
십시오." 그렇게 말씀하시고는 경제기획원에 전화를 걸어
예산 지원을 요청하셨습니다.

김광수 이번엔 박사님 혼자서 수도 이전 계획을 맡으신 겁니까?

곽영훈 아마도요.

그날의 대화가 워낙 짧고 명료했고, 김 수석께서 아무런 지침도 주지 않으면서 김 수석과 만날 때마다 무슨 지침이 없느냐고 물었습니다. 그분은 늘 "없습니다."라고 짤막하게 답하셨습니다. 아웅 산 묘소에 가시기 얼마 전에 한 번 더 물었더니, 수석실 문 앞에서 딱 한 마디만 하셨습니다. "글쎄, 토지 투기가 일어나지 않게…." 그게 김 수석과의 마지막 대면이었습니다.

김광수 언뜻 들어서는 백지계획과 620사업은 큰 차이가 없어 보입니다.

곽영훈 수도 이전이라는 주요 목적은 닮았지만, 프로젝트의 내용은 판이합니다.

백지계획은 연기군 장기읍에 완전히 새로운 도시를 건설하려는 계획이었습니다. 계획을 실행에 옮기자면 농지를 훼손하고 인접 지역에 피해를 줄 수밖에 없었죠.

반면에 620사업은 제주도를 포함한 우리나라의 영토와

영해 모두를 아우르는 국토종합개발계획이었습니다. 그 중 가장 중요한 프로젝트가 대전을 확장·개발해 행정수도로 삼는 것이었죠. 저는 둔산, 대덕, 유성, 진잠을 합쳐 대전을 직할시로 만들어 유사시 임시수도로 활용하는 쪽이 새로운 도시를 건설하는 것보다 더 현실적이고 경제적이라는 결론을 내렸습니다.

오늘날 대전의 둔산 신도심은 원래 200여만 평의 공군비행장이었습니다. 지금은 둔산을 대전의 중심이라고 불러도 이의를 제기할 사람이 없지만, 당시에는 상상도 못 할 미래였죠.

한편, 육해공 3군의 통합본부인 계룡대를 계룡산 신도안에 배치하고 국방·안보 연구도시를 만들려 계획했습니다.

정권 교체기마다
거론된 행정수도 이전

김광수 행정수도 이전은 선거철 단골 소재인데, 앞서 말한 백지계획과 620사업을 살리자는 의미인가요?

곽영훈 그렇지 않습니다. 하지만 2004년 노무현 정부의 행정수도 이전 추진으로, 백지계획과 620사업이 다시 주목받았지요. 노 대통령의 행정수도 이전 계획은 헌법재판소에서 위헌 판정을 받았지만, 2012년 박근혜 정부 들어 행정도시 세종특별자치시가 출범했지요.

현재의 세종특별자치시의 위치는 백지계획 때 설계된 중심지구, 동시東市, 서시西市 중 동시에 해당합니다.

신개념 교통 인프라의 등장,
고속철도 KTX

김광수   1905년 경부선 철도가 완공되었을 당시에는 서울-부산 간 이동 시간이 17시간이었습니다. 그러다 1960년 무궁화호가 운행되면서 6시간대로 줄었고, 1980년대 새마을호가 개통되면서는 4시간으로 확 줄어들었습니다. 이제는 2시간대면 서울에서 부산까지 갈 수 있게 되었습니다. 바로 초고속 열차 KTX 덕분이지요.

           KTX는 대전엑스포를 위한 교통 인프라로 계획되었습니다. 대전엑스포의 마스터플랜을 맡으셨던 박사님께서 KTX 건설에도 참여하셨지요?

곽영훈   네, 1981년 김재익 수석에게 대전엑스포 유치를 제안할 때 초고속 열차도 함께 건의드렸습니다. "일본은 도쿄올림픽 경기장과 오사카엑스포 대회장을 신칸센으로 연결했고, 이때 만든 고속철도망을 경제 발전의 밑거름으로 삼았습니다. 우리도 서울과 대전을 초고속 열차로 연결하면 좋겠습니다."라고 말이지요.

김광수 철도 전문가가 아닌 박사님이 어떻게 초고속열차 도입을 주도했는지 궁금합니다.

곽영훈 어떻게 하면 우리나라를 더 발전시킬 수 있을지를 늘 연구하던 저에게 초고속열차는 각별한 관심을 불러일으키는 대상이었습니다. 오래전부터 독일의 ICE, 일본의 신칸센, 프랑스의 TGV를 주의 깊게 살펴보았습니다.

1985년 대전 시장을 비롯한 대전 도시계발 관계자분들과 함께 TGV를 살펴보러 프랑스 출장을 갔습니다. 현지에서 리옹 시장을 만나 도시계획에 대해 조언을 듣고, 최고 시속 300킬로미터대로 달리는 열차도 타보았죠.

실제로 타보니 고속열차 선로가 최대한 일직선이어야 한다는, 당연하지만 중요한 사실을 깨달았습니다. 선로가 횡으로 휘어 있으면 열차가 탈선할 우려가 있기 때문이죠. 우리나라는 산이 많으므로 터널을 뚫어야 한다는 과제가 생겼습니다. 그래서 화강석 절단에 알맞은 원형의 회전식 터널굴착기 TBM을 국내에 들여왔습니다.

고속열차 차량 선정 당시 일본, 독일, 프랑스 업체가 입찰에 참여했는데, 경쟁이 정말 치열했습니다. 우리 정부는 경제적 타당성, 운용 경험, 기술이전 조건 등을 고려해 1994년 프랑스식 TGV 시스템을 선택했지요.

그 후 IMF 외환위기가 터지면서 공사 기간이 애초 계획보다 더 많이 걸려서, 10년이 지난 2004년 마침내 서울-부산 간 고속철도 KTX가 개통되었습니다.

이로써 우리나라는 세계에서 다섯 번째로 고속철도를 운영하는 나라가 되었고, 경부선, 호남선, 경전선, 전라선, 동해선, 강릉선 등 6개 노선의 KTX를 차례로 개통시켰습니다. KTX는 전국을 반나절 생활권으로 줄이면서 여행이나 출퇴근, 출장의 개념을 확 바꾸어놓았습니다. 전국 어디로든 당일치기가 가능해진 것이죠.

또한 주요 정차역의 도시와 그 주변 지역 경제에도 활력을 불러일으켰습니다. 특히 2017년 말에 개통한 강릉선은 산악 지형인 강원도에서 개최된 2018 평창동계올림픽에 약 106만 명을 실어 나르며 행사를 성공시키는 데 큰 역할을 했지요.

김광수 KTX 개통으로 우리나라 사람들의 거리 개념과 시간 개념이 달라졌습니다. KTX는 개통 후 2019년까지 15년간 100만 회를 운행하며 7억 2천만 명을 실어 날랐다고 합니다. 우리나라 인구가 대략 5천만 명이니, 전 국민이 평균 14회 이상 KTX를 탄 셈입니다.

고속도로부터 지하철, 고속철도까지, 우리나라 교통 인프라의 발전사에서도 박사님을 빼놓을 수 없을 것 같습니다.

곽영훈 누차 강조하지만, 저는 아이디어와 마스터플랜만 제공했을 뿐입니다. 그것이 저의 업이고요. 하지만 교수님께서 저를 후하게 평가해주시니 기분이 좋네요. 감사합니다.

해외동포들의 마지막 휴식처, 천안 망향의 동산

김광수 이쯤에서 대전과 중부권 프로젝트 이야기를 마무리해야 할 것 같습니다. 혹시 더 소개하고 싶은 프로젝트가 있으실까요?

곽영훈 천안에 있는 '망향의 동산'을 소개해드리고 싶습니다. 해외동포 중 조국 땅에 묻히기를 원하는 사람들을 모셔 정부에서 조성한 묘소인데요. 일제강점기와 제2차 세계대전 시기 해외에서 돌아가신 분 중에서 연고가 확인되지 않은 분들의 안식을 위해 조성되었지만, 나중에는 고국에 묻히기를 원하는 모든 해외동포의 영령을 모시게 되었지요.

제가 직접 설계나 건축을 맡지는 않았습니다만, 그동안 자문을 맡아온 여러 시설 중 특히 마음이 쓰이는 곳입니다.

김광수 망향의 동산. 고향을 그리워하는 영혼을 모시는 귀한 곳이군요. 어떻게 망향의 동산 조성 사업의 자문을 맡게 되셨나요?

곽영훈 1976년 김영광 중앙정보부 판단기획국장께서 재일 동포 분들이 돌아가시면 고국 땅에 묻히길 바라실 텐데, 그분들을 위한 묘소와 위령탑이 필요하니 자문을 해달라 하시더군요.

숙고 끝에 교통이 편리하고 '하늘이 편안한 곳'이라는 뜻의 지명을 가진 천안天安을 입지로 추천해드렸습니다. 착공부터 완공까지 채 석 달도 걸리지 않았던 것 같습니다. 기회가 된다면 한번 방문해보시면 좋을 듯합니다.

바다를 향해 나아가다

: 여수 및 남해권 프로젝트

여수와 함께한
50년

호남 발전의 거점,
여수

김광수   박사님께서 여수 시민들의 끈질긴(!) 섭외로 여수엑스포
유치위원장이 되셨다고 하셨는데, 여수와 어떤 특별한 인
연이 있으신가 봅니다.

곽영훈   보통 인연은 아니지요. 제가 여수시청사와 여천 신도시,
여서·문수 지구 등을 설계했으니까요. 1976년께부터 여
수로 출장을 자주 다녔습니다.

김광수   서울에서 여수까지면 장거리 출장 중에서도 장거리 출장

인데요. 다른 지역에 비해 교통편이 좋은 편도 아니어서 오고 가는 데만도 시간과 체력이 많이 들었겠습니다.

곽영훈 아무래도 그랬지요. 주로 밤 기차를 타고 다녔는데, 새벽에 여수역에 도착하면 역 앞 공중목욕탕에서 씻고 곧바로 시청으로 출근해 도시환경계획 회의를 했습니다. 옛 여수 시청은 건물 바닥이 나무로 된 마루였는데, 하도 낡아서 발걸음을 옮길 때마다 삐걱삐걱 소리가 났습니다.

김광수 시청 마룻바닥이 삐걱거리다니, 당시 여수시 사정이 어땠는지 짐작이 갑니다.

곽영훈 1970년대에는 여수뿐 아니라 전라도 전체가 다른 지역에 비해 경제 사정이 열악했습니다. 해방 전까지만 해도 대표적인 곡창지대로 국가 재정에서 큰 몫을 담당했던 호남은, 해방 후 독재정권들에 의해 '빨갱이'의 온상지로 낙인찍히고 산업화 과정에서 소외되며 다른 지역보다 생활수준이 뒤처지게 되었습니다. 몇몇 권력자의 정치적 야욕 때문에 호남 주민들이 희생양이 된 거지요.
여수, 순천, 광주 등 전라도 지역에 갈 때마다 주민들의 억

울한 사연과 삶의 애환을 들을 수 있었습니다. 호남이 더 발전할 수 있도록, 지역 주민들의 삶이 더 넉넉해질 수 있도록 내가 할 수 있는 범위 내에서 최선을 다해야겠다고 다짐했습니다. 그리고 우리나라 활성축의 한 꼭짓점인 여수를 호남 발전의 거점으로 정했습니다.

전국 유일의
한옥 시청사

김광수 현재의 여수시청 건물은 전통 한옥을 본뜬 한국적인 디자인이 돋보이는데요. 사람들 대부분이 전통 한옥을 허물고 현대식 건물을 올리는 데 열을 올리던 1970년대에 시청사를 한옥 형태로 설계하신 점이 인상적입니다.

곽영훈 원래는 형태뿐 아니라 건축 자재까지 한옥 스타일로 하고 싶었습니다. 제가 처음 설계한 시청 건물은 전통 목재 한옥이었습니다. 그런데 최규하 총리의 만류로 설계를 수정했습니다. MIT 출신이 왜 현대식으로 설계하지 않고 옛 한옥을 짓느냐며, "나무가 귀하니 시멘트로 짓게."라고 하

▲ 한옥을 모티프로 설계한 여수시청 본사 ⓒ 여수시청

시더군요. 박정희 대통령이 산림녹화에 심혈을 기울이고 있을 때였거든요.

김광수 저도 기억납니다. 연탄이 보급되기 전까지는 나무를 땔감으로 썼었죠. 그 때문에 전국의 산이 거의 민둥산이 되어서 국가 차원에서 나무 심기 사업을 벌였고요.

곽영훈 네, 최규하 총리께 훗날 여수에서 글로벌 이벤트가 열릴 때를 대비해 한국만의 고유한 아름다움을 보여줄 수 있는 시청 건물을 전통 방식으로 지어야 한다고 말씀드려보았지만, 현실의 벽을 넘기란 쉽지 않았습니다.

김광수   결국 모양만 한옥으로 하고 재료는 콘크리트로 하는 방향으로 타협을 하신 거군요. 아쉬웠겠습니다.

곽영훈   그렇지만 제가 의도한 대로 한국적인 색이 잘 묻어나는 건물로 완성되어 저는 만족합니다. 참고로 여수시청사는 국내 유일의 한옥 시청사랍니다.

헬리콥터 타고 설계한
여천 신도시

곽영훈   여수시청사를 새로 지을 무렵, 광양만과 인접한 여천공단의 배후도시로 여천 신도시를 개발했는데요. 고건 전남도지사와 함께 헬리콥터를 타고 공중에서 지형을 살펴보며 도시를 설계했습니다.

여천 신도시 설계 때 가장 신경 쓴 부분은 이순신 장군이 본영으로 사용하셨던 진남관을 비롯한 역사 유적지를 훼손하지 않는 것이었습니다. 거북선을 만들던 선소船所가 한눈에 보이는 지점에 여천시청 터를 잡고, 여천시청과 가막만 사이에는 너른 공원을 조성했습니다.

김광수 여천 신도시는 박사님의 설계도 원안대로 건설되었나요?

곽영훈 그랬으면 참 좋을 텐데요. 아파트 단지와 5층 이상 고층 건물이 없는 전원주택으로 이뤄진 도시를 구상했지만, 건설 과정에서 설계도가 원형을 알아볼 수 없을 만큼 수정되었습니다.

여수와 여천을 잇는 징검다리, 여서·문수 지구

김광수 지금은 여수가 전라도에서 다섯 손가락 안에 드는 큰 도시로 발전했지만, 박사님께서 여수를 호남 개발의 거점으로 삼으셨을 무렵에는 남해안의 평범한 항구도시 중 하나였습니다.
여수가 엑스포 같은 주요 글로벌 이벤트를 개최할 역량을 가진 주요 관광도시로 성장하기까지, 박사님께서 미리 그려둔 로드맵이 있었을 듯한데요.

곽영훈 1차 목표는 세 구역으로 나뉜 행정구역을 하나로 합치는

▲ 여천 신도시 기본계획 구상도

▲ 여천 망마·용기·안산 도시공원 조성계획 구상도

것이었습니다.

여수는 해방 이후 여수시와 여천군으로 분할되었다가, 여천 신도시가 개발되면서 1970년대 후반 여수시, 여천시, 여천군의 2시 1군 체제로 바뀌었습니다. 한 지역에 서로 다른 3개의 행정구역이 존재하다 보니 여수라는 도시의 잠재력도 분산되었습니다. 저는 3여 통합을 통해 여수의 인구와 산업을 하나로 묶어야 비로소 여수 개발에 탄력이 붙을 수 있다고 생각했습니다.

그래서 여수시와 여천시 두 지역 사이에 있는 여서·문수 동을 신도시로 개발해 여수, 여서·문수, 여천을 하나의 생활권으로 묶는 도시계획을 구상했습니다.

처음에는 한국토지개발공사(현 한국토지주택공사)에 개발을 건의했는데 여서·문수 지역이 비좁은 계곡이어서 공사가 어렵다는 답변을 들었습니다. 송재구 시장과 논의 끝에 여수시 차원의 공영 개발을 결정했습니다.

김광수 '공영 개발'이라면 지방자치단체에서 직접 개발하는 것이 지요?

곽영훈 그렇습니다. 개발 결과가 좋지 않다면 송 시장이 모든 책임을 떠안고 공직을 내려놓아야 할 수도 있었습니다.

김광수 송 시장께서 쉽지 않은 결정을 내리셨네요.

곽영훈 공공의 이익을 위해 기꺼이 자기 자신을 희생할 각오를 하신 것이지요.

신도시 공영 개발은 우리나라 역사상 유례가 없는 파격적인 일이었습니다. 위험 부담이 큰 사업인 만큼 신중하게 마스터플랜을 짰습니다. 토목 공사비를 최소화하기 위해 지형지물을 훼손하지 않는 방향으로 설계를 짜고, 기존 주민의 거주지는 그대로 유지했습니다.

개발 후에 조성될 땅을 미리 매각함으로써 여수시 예산을 쓰지 않고 개발 비용을 마련할 수 있었습니다.

김광수 여서·문수 지구 개발은 성공적이었나요?

곽영훈 네, 이 사업으로 여수시는 약 400억 원의 이익을 보았습니다. 이후 여서·문수 지구 개발을 벤치마킹한 신도시 공영 개발이 전국 각지에서 이어졌지요.

▲ 여서·문수 지구 도시설계도

김광수 여수시에서 새로운 사업 모델을 창조한 셈이네요.

곽영훈 그런 셈이지요. 여수시에서 새로 선보인 것이 또 하나 있는데, 바로 산맥을 절단하지 않고 터널을 뚫는 친환경 기술입니다. 여천시와 여수시를 연결하는 '한재터널'은 우리나라 최초의 생태터널이지요.

송 시장께서 터널 건설에 예산이 많이 들어간다는 반대 의견을 뚫고 한재터널을 뚫으셨습니다. 요즘에는 많은 지자체가 산맥도로를 생태터널로 대체하고 있습니다.

1980년대부터 여수시와 여천시, 여천군을 하나로 만들려는 일련의 노력이 이어진 덕분에, 1998년 시민들의 주도하에 통합 여수시가 출범했습니다.

관광객을 부르는
여수 바다

김광수　여수 개발을 위한 계획의 1차 목표가 3여 통합이라면, 그 다음 목표는 무엇이었습니까?

곽영훈　여수를 관광도시로 만드는 것이었지요. 1986년 저는 여수·광양 지역을 4개의 벨트로 분류하고 개발·보존 방향을 구상해보았습니다.

1. 산업 벨트: 광양만 부근 내륙 지방

2. 여가 벨트: 가막만 중심 바다 및 섬

3. 환경 벨트: 여자만 주변

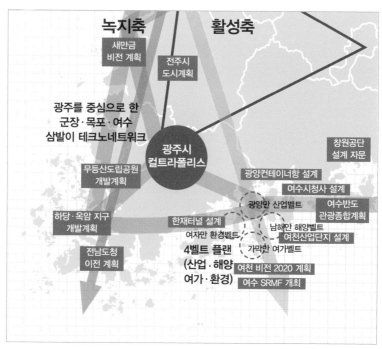

녹지축 활성축

새만금
비전 계획

전주시
도시계획

광주를 중심으로 한
군장·목포·여수
삼발이 테크노네트워크

창원공단
설계 자문

광주시
컬트라폴리스

광양컨테이너항 설계

여수시청사 설계

무등산도립공원
개발계획

광양만 산업벨트

여수반도
관광종합계획

하당·옥암 지구
개발계획

한재터널 설계

남해만 해양벨트

여천산업단지 설계

여자만 환경벨트

전남도청
이전 계획

4벨트 플랜
(산업·해양
여가·환경)

가막만 여가벨트

여천 비전 2020 계획

여수 SRMF 개최

▲ 여수 및 남해권에서 진행한 프로젝트

4. 해양 벨트: 남해

광양을 중심으로 하는 내륙 지방은 산업도시로, 여수를
중심으로 하는 해양 지방은 관광도시로 발전시키는 계획
안이지요. 이 안을 바탕으로 여러 프로젝트를 진행했는
데, 개중에는 잘된 것도 있고 아쉽게도 그렇지 못한 것도
있습니다.

김광수 그래도 결과적으로 박사님께서 수십 년 동안 여수의 도시와 인프라 건설을 위해 흘린 땀방울들은 헛되지 않은 것 같습니다. 성장에 성장을 거듭하던 여수는 2012년 여수엑스포 유치에 성공하고 대표적인 관광도시로 자리매김했으니까요. 통계에 따르면, 2018년 여수가 우리나라에서 '가장 많은 관광객이 찾은 도시 1위'를 차지했습니다.

곽영훈 그 통계 참 마음에 드는군요. 밤 기차를 타고 서울과 여수를 오간 수십 년의 세월이 아깝지 않네요. 여수를 찾는 사람에게도, 여수에 사는 사람에게도 여수가 오래 머물고 싶은 도시가 되면 좋겠습니다.

광양 발전의
터닝포인트

광양에
제철소를

김광수 호남을 지나는 활성축 위에 있는 도시 중 하나가 광양인
데요. '광양' 하면 저는 가장 먼저 '제철소'가 떠오릅니다.
광양이 철강산업의 도시로 자리 잡는 데 박사님께서도 한
몫하신 것으로 알고 있습니다. 포항제철에서 새로운 제철
소 부지를 고민할 때 박사님께서 광양을 추천하셨지요?

곽영훈 1972년 포항제철에서 두 번째 제철소를 건설할 도시를
물색하기 시작했는데요. 장장 9년 동안 결론이 나지 않고
있었습니다. 광양만과 아산만 두 곳으로 후보가 좁혀졌는

데, 미국·네덜란드 컨설팅팀과 국내 여러 전문가는 수도
권에서 가까운 충남 서산이나 아산만 쪽을 권했더라고요.
반대로 저는 꾸준히 광양만을 밀었지요.

김광수 이유는 알 것 같습니다. 낙후된 호남을 개발해 지역 균형
발전을 이루기 위해서였겠지요?

곽영훈 이제 박사님께서 제 속을 훤히 들여다보시는 것 같습니다.
그 이유 이외에 위도가 낮은 광양만은 겨울에도 기온이
영하로 잘 떨어지지 않는다는 점을 강조했습니다.
토목공학의 대가인 정명식 포항제철 부회장의 판단으로
광양만에 제철소가 들어서게 되었지요.

김광수 단일 규모로 세계 최대인 광양제철소가 생기면서 광양의
재정 자립도와 주민들의 소득 수준도 확 뛰어올랐는데요.
바로 옆 관광도시 여수와 함께 전남 동부권의 경제를 이
끌고 있습니다.
만약 제철소가 광양만이 아닌 아산만에 들어섰다면 수도
권에 인접한 충청도와 수도권에서 멀리 떨어진 전라도 사
이의 격차가 훨씬 더 벌어졌겠지요.

오늘의 광양항을 있게 해준
그때 그 사람

김광수 광양제철소와 함께 광양 지역 경제를 견인하고 있는 광양 컨테이너 부두 입지 선정에도 박사님께서 관여하셨지요?

곽영훈 네, 광양제철소가 설립될 무렵의 일이지요. 1986년께 한국 정부가 컨테이너 부두 건설 비용을 마련하기 위해 유엔 산하 세계은행 World Bank에 차관을 요청했습니다. 이에 세계은행 관계자들이 방한했습니다.

김광수 어느 지역에 컨테이너 부두를 건설해야 최대의 수익을 기대할 수 있을지 살펴보고, 컨테이너 부두 입지를 결정하기 위해 세계은행에서 전문가를 파견한 거군요?

곽영훈 맞습니다. 만약 컨테이너 부두로 인한 기대 수익이 빚을 다 갚을 수준이 못 될 것 같으면 돈을 빌려주지 않을 예정이었고요.

김광수 세계은행 관계자들이 결정한 부지는 어디였습니까?

곽영훈 모두 부산 쪽이었습니다. 광양은 한 선좌(선박 1척을 정박시킬 수 있는 설비를 갖춘 수역)도 안 되는 것으로 되어 있었습니다.

검토 결과를 전해 들은 저는 마음을 굳게 먹고, 세계은행 관계자들이 귀국하는 날 새벽 그들의 숙소로 찾아가 조찬을 함께했습니다. 그리고 광양항에 컨테이너 부두를 건설해야 하는 이유를 설명했습니다.

당시 책임자는 아프리카계 경제학자였는데, 저는 우리나라의 지역 차별을 미국의 인종차별에 빗대 그에게 호소했습니다.

"광양에 인프라가 없는 까닭은 그동안 호남이 지역 차별을 당한 탓입니다. 역발상을 하셔야 합니다. 인프라가 없으므로, 인프라를 만들어야 합니다. 이것이 광양에 컨테이너 부두를 건설해야 하는 이유입니다. 대한민국의 지역 균형 발전을 위해서도 꼭 그렇게 해야 합니다."

실제로 당시 청와대의 한 건설비서관은 호남의 발전은 정치적으로 바람직하지 않다며 광양에 컨테이너 부두를 건설하는 데 반대했습니다.

김광수 그 경제학자는 박사님의 말씀을 진지하게 들어주었나요?

곽영훈　고맙게도 그는 저의 마음을 이해해주었습니다.

"제가 광양만 쪽도 컨테이너 부두 건설이 한 선좌 정도는 가능하다고 보고서를 쓰겠습니다. 제 보고서를 인용해서 한국 정부를 설득해보시기 바랍니다."

그는 랩톱 컴퓨터를 꺼내 정책 건의서를 수정한 다음, 저에게 보여주었습니다.

김광수　불쑥 찾아온 낯선 이의 말을 경청하고 수용하다니, 마음이 참 넓은 분이십니다. 박사님께서 귀인을 만나셨군요.

곽영훈　그렇지요.

그가 공항으로 떠나자마자 전석홍 전남도지사에게 소식을 전하고 동광양출장소 설립 추진을 부탁드렸습니다. 그리고 마침내 동광양출장소가 건설되고, 제가 광양항 배후도시의 설계를 맡게 되었습니다.

몇 년 전 광양항의 발전상을 알려드리고 감사의 뜻을 표하기 위해 세계은행에 그 경제학자의 거취를 문의했는데, 아프리카에서 공무수행 중 교통사고로 사망하셨다는 답변을 들었습니다. 좀더 일찍 그분을 찾아뵀어야 했는데, 제가 너무 늦었습니다.

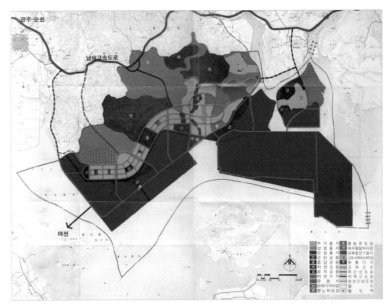

▲ 동광양 도시 기본계획 구상도

▲ 광양항 배후도시 마동지구 계획 구상도

광주를
빛나는 도시로

김광수 호남을 이야기하자면 광주를 빼놓을 수 없는데요. 광주와
주변 지역은 1980년 5·18민주화운동 당시 전두환 정권
의 무력 탄압으로 인명 피해가 컸던 지역이니만큼, 호남
에서도 특히 박사님의 아픈 손가락이었을 것 같습니다.

곽영훈 그렇습니다. 그래서 광주를 이름처럼 '빛나는 도시'로 만
들고 싶은 욕심이 컸습니다.

김광수 어떤 프로젝트부터 시작했습니까?

곽영훈 1983년 무등산도립공원 장기종합개발계획이었습니다.
제가 업무차 광주에 들를 때마다 무등산에 올랐는데, 무

▲ 광주를 중심으로 한 서해안 기술지대망

등산 너덜바위 주변에 도로를 낸다고 산림을 훼손하는 모
습을 목격하고 충격을 받아 전남도청에 문제를 제기하고,
자연 친화적이고 지속 가능한 무등산 개발 방향을 제안했
습니다.

김광수 산림 훼손을 보고 가만있을 박사님이 아니지요(웃음).

박사님께서 구상하신 전국 과학기술지대망의 세 꼭짓점

(대전, 광주, 대구) 중 하나가 바로 광주였는데요.

곽영훈 맞습니다. 그중에서 광주는 서해안 테크노밸리의 중심지

이지요. 광주를 중심으로 섬진강 라인인 광양-순천-여

수, 영산강 라인인 '큰 목포(나주-영산포-무안-해남-영암-진

도)', 금강 하구인 군산-장항 등 3곳에 과학기술단지인 테

크노밸리를 조성하고 여수, 목포, 군산을 과학기술 항구

도시인 테크노포트로 만들어야겠다고 구상했습니다.

저는 광주를 과학기술의 중심지인 테크노폴리스Techno-

polis뿐 아니라 문화의 중심지인 컬트라폴리스Cultura-polis

로까지 발전시키고 싶었는데요. 그러자면 광주의 인구와

면적이 조금 더 커져야 한다고 생각했습니다.

제가 바란 방향대로 광주가 송정리를 비롯한 주변 지역을

흡수하면서 1986년 직할시로 승격된 뒤, 1988년 최인기

시장에게 광주 도심, 송정리, 상무대(육군 5개 병과학교), 과

학기술단지, 문화예술단지를 아우르는 장기종합발전계획

을 건의했습니다.

최 시장께서 적극적으로 추진해주신 덕분에, 한때 피의

도시였던 광주가 다시 빛의 도시로 도약할 수 있었던 것
같습니다.

김광수 저는 광주의 잠재력이 아직 100퍼센트 발휘되지 않았다
고 생각합니다. 지금까지의 광주보다, 지금부터의 광주가
더 빛나리라 믿습니다.

곽영훈 네, 저도 그렇게 믿습니다.

뼈저린 교훈을 얻은
큰 목포 계획

큰 목포
더 큰 미래

김광수 서해안 테크노밸리를 설명하실 때 영산강 라인의 나주, 영산포, 무안, 해남, 영암, 진도를 묶어 '큰 목포'라는 명칭을 사용하셨는데요. 큰 목포 개념은 어떻게 탄생한 것인가요?

곽영훈 '국역國域'이라는 기준을 기반으로 만들어졌습니다. 사람들은 국가의 공간적 크기를 말할 때 보통 '영토(육지)'를 기준으로 삼는데, 국토는 불완전한 기준입니다. '영해(바다)'가 포함되지 않기 때문입니다. 영토와 영해를 모두 포함한 '국역'을 기준으로 국가의 공간적 크기를 파악하고 국가정책을 세워야 합니다.

한반도의 영토 면적은 22만 제곱킬로미터에 불과하지만, 국역 면적은 70만 제곱킬로미터입니다. 바다가 48만 제곱킬로미터를 차지하는 셈입니다. 육지 면적은 북한(12만 제곱킬로미터)이 남한(10만 제곱킬로미터)보다 크지만, 바다 면적은 남한(35만 제곱킬로미터)이 북한(13만 제곱킬로미터)보다 넓습니다. 국역 개념을 사용하면 남한이 북한보다 외국과의 무역에 지정경학적地政經學的으로 우세하다는 것을 알 수 있습니다.

이제 목포가 속한 전라남도로 눈을 돌려보겠습니다. 전라남도는 4분의 3이 바다이고 4분의 1이 육지입니다. 바다와 육지를 함께 보면 목포권이 전라남도의 중심이 됩니다. 저는 무안, 영암, 해남, 나주 등을 묶어 '큰 목포'라 부르기로 했습니다.

김광수 즉, 전라남도의 정중앙인 목포와 그 주변 지역을 넓은 의미의 목포로 보신 거군요.

곽영훈 저는 '큰 목포'에 동북아시아 해상무역의 중심도시로 성

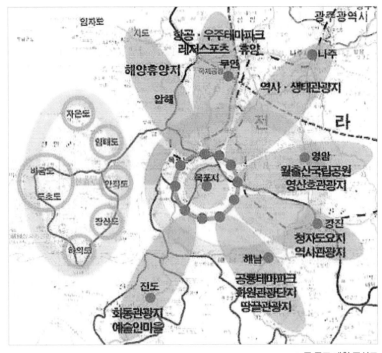

▲ 큰 목포 계획 구상도

장할 잠재력이 있다고 생각했습니다. 제 주장의 근거는
다음 3가지입니다.

1. 상하이, 다롄, 칭다오, 웨이하이 등 중국의 주요 도시와
   의 거리가 400해리(740킬로미터) 이하로, 중국과의 교
   류 관문으로 적합한 항구도시입니다.

2. 환남해축(부산-진주-광양-목포)과 환황해축(목포-광

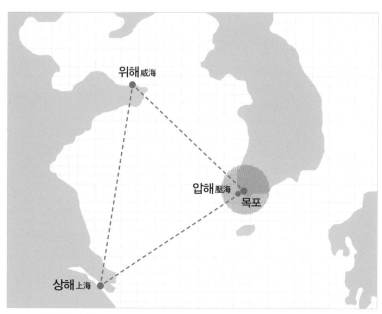

▲ 목포의 전략적 위치

주-군산-전주-인천-신의주)의 교차로로, 동북아시아 생
산 물자 교류의 중심지가 될 수 있습니다.

3. 한반도 통일 시 국제도시로 성장할 가능성이 큰 4대
권역(남서의 목포권, 남동의 부산권, 북서의 신의주권, 북동의
나진권) 중 하나입니다.

전남도청이
무안으로 옮겨간 이유

김광수 목포의 잠재력을 깨우기 위해 박사님께서 선택하신 방법
은 무엇입니까?

곽영훈 큰 목포를 동북아의 거점으로 육성할 수 있도록 무안 옥
암지구로 전남도청을 이전한 뒤, 무안을 포함한 큰 목포
를 하나의 행정구역으로 통합하려고 했지요.
1988년이었는데 서울올림픽 준비 때문에 바쁜 와중에 짬
을 내어 큰 목포 도시계획을 세웠습니다. 그렇게 해서 하
당·옥암 지구와 남악 신도시가 만들어졌습니다.

김광수 박사님께서 '큰 목포' 행정구역 통합과 전남도청 이전을
주장하셨을 때 당황스러워하시는 분들도 많았을 듯합니
다. 원래 전남도청이 자리 잡고 있던 광주 시민들의 저항
도 거셌을 것 같고요.

곽영훈 그때 욕을 참 많이 먹었지요. 일부 광주 시민은 '광주의
힘을 빼려고 한다.'라며 이전 작업에 참여한 사람들의 인

형을 만들어 화형식을 하는 집회까지 열었습니다.

김영삼·김대중 대통령의 힘을 빌려 2005년 전남도청은 무안으로 이전하는 데까지는 성공했지만, 무안 군민들의 반대에 부딪혀 큰 목포 통합은 실패했습니다.

김광수 아무래도 지역 주민들의 동의와 협조 없이는 행정구역 통폐합이나 시도 청사 이전이 어렵지요.

곽영훈 네, 큰 목포 계획을 세우고 추진하면서 그 점을 뼈저리게 느꼈습니다. 정책의 당위성이나 기대효과만 가지고 사람들을 설득할 수 없다는 것을, 설득에는 논리만큼이나 감정이 크게 작용한다는 것을 새롭게 배웠습니다.

미완의 프로젝트, 새만금 종합개발사업

김광수 박사님이 마스터플랜을 맡으셨던 1997년의 새만금 종합 개발사업은 참 대단한 것이었습니다. 대한민국의 지도를 바꿔놓을 정도로 거대한, 단군 이래 최대의 공사였지요.

곽영훈 맞습니다. 전라북도 군산, 김제, 부안의 앞바다를 연결하는 방조제 33.9킬로미터를 쌓아 그 안에 간척지 291제곱킬로미터, 호수(새만금호) 118제곱킬로미터를 만들었는데, 여의도 면적의 140배에 달하는 새로운 땅이 생겨났죠.

김광수 새만금 사업은 어떻게 처음 시작되었나요?

곽영훈 우선 '새만금'이라는 이름은 '만'경평야와 '김'제평야 같

• 전국토 기술지대망과 새만금 테크노포트

• 새만금 광역개발 구상개념

• 녹지 및 동선체계 기본골격

• 권역구분 및 도시마을단위 배치

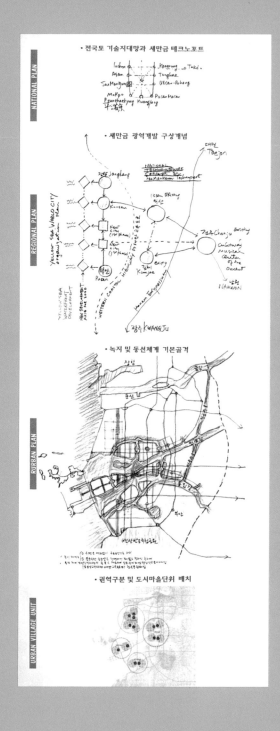

새만금
비전 2020

SaeManKeum Vision 2020
Long Range Comprehensive Development Plan

곽 영 훈 + 환경그룹 / KWAAK YoungHoon + HwanKyung Group, 1997

· 광역교통망계획

· 모형사진

- **위 치** 전라북도 군산시, 김제시, 부안군(2시 1군 19읍·면·동)
- **면 적** 만경강과 동진강 하구에 조성되는 서해안 간척지로서 내부개발 28,300ha,
  담수호 11,800ha 전체 40,100ha (새만금 내부개발 사업구역)
- **새만금 개발의 목적, 의의**
  ① 21세기 환황해권의 경쟁력 있는 생산·고부가가치 확보로 지역균형발전 도모 및 국토이용의
     효율성 제고
  ② 미래형 영농기반 구축에 기여하고, 환경친화적 복합문명도시 건설로 세계 도시화 네트워크화

- **기본구상 개념**
  ① 주변지역과 연계체계 구축 – 주변의 군산, 장항, 이리, 부안, 김제, 전주 등 지역과 연접한
     환황해권 교통·물류·정보·문화 중심의 세계시로서 정보와 주요도시들과 연계체계 구축
  ② 자연적 환경친화적 도시마을단위로 개발 – 산업의 군집화(cluster)를 고려한 도시마을
     단위 형성에 의한 역동적 도시개발 추진 도시는 주민들에게 삶과 앎의 틀로서 맑은
     방향을 미래로서 모범녹지축과 생산·생활·녹지공간의 적정배분과 연계화로 삶의
     질을 드높이는 도시기본골격 수립
  ③ 교통조름과 차별화된 동선체계의 위계와 – 항만, 공항, 철도, 고속도로의 인적·물적
     흐름과 도시간 교류를 촉진하는 지역교통동선, 도시마을단위 내부동선의 차별화로 교통
     조름과 조선방지 수로를 이용한 보르메스노선 및 내부순환형 대중교통노선 도입
  ④ 아름답고 개성있는 도시경관 창출 – 순환수로(canal) 설치 및 담수호 수변공간과 시가지
     내부를 잇는 녹지공간 확보, 모범·차없는 동선체계 구축 등 광역녹지체계 조성
     시각축(Vista)와 결절지(Node)에는 공공·역학 및 교육·문화시설 중점배치로 특성
     있는 도시의 창출 군산·변산반도 관광자원과 연계된 종합관광기반 육성

- **권역설정 및 주요기능 배치**

권역구분	계획인구	주 요 기 능
북부 산업도시권	20만명	· 군장산업단지 및 공항과 연계한 테크노파크 및 첨단산업, 새만금 중심도시권 정보도시기능
내부영농권	12만명	· 김제·만경평야와 연계한 첨단영농단지 및 자족형 도시창투기능
남부관광권	3만명	· 변산반도·고군산군도화 연계한 관광휴양리조트, 해양테마파크 및 수산양식장
담수수송권	5만명	· 새만금 신항만 인접지역으로서 항만관련산업, 도시 및 연구기능

· 종합계획도

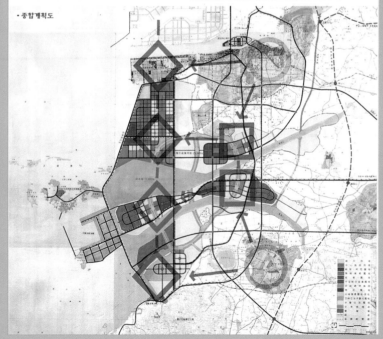

▲ 미완의 프로젝트로 남은 새만금 종합개발사업 마스터플랜

은 옥토를 '새'로이 일궈내겠다는 사업 목표를 담아 작명
되었는데요. 1980년대에 정부에서 용지 확보, 농수산업단
지 조성, 교통 인프라 확충을 목표로 만경강 일대 개발계
획을 발표하면서 시작되었습니다.

제가 세운 마스터플랜의 방향은 4가지였습니다.

1. 21세기 환황해권의 생산·교역 거점 확보

2. 지역 균형 발전 도모 및 국토 이용의 효율성 제고

3. 미래형 영농 기반 구축에 기여

4. 친환경 복합문명도시 건설

새만금 지역의 환경을 보존할 수 있는 새로운 개발 방안
을 찾기 위해 외국 사례를 벤치마킹했습니다. 특히 네덜
란드의 알미르라는 간척도시를 많이 참고했습니다. 암스
테르담 밖 먼바다 쪽에 제방을 쌓아 물을 막고, 제방 안쪽
에 섬 모양으로 건설한 전원도시인데요. 섬 모양의 도시
를 하나씩 늘려가고 있습니다. 운하도시의 멋을 살리기
위해 이탈리아 베네치아와 중국 쑤저우도 참고했지요.

김광수 큰 공사인 만큼, 어려움도 많았을 것 같습니다.

곽영훈 유감스럽게도 미완의 프로젝트로 남았습니다. 1991년 기

초 작업에 착공한 후 19년의 공사 기간을 거쳐 2010년 마무리되었는데, 새로운 땅을 만드는 데까지는 성공했으나 그 위에 운하도시를 건설하지는 못했습니다. 원래는 군산·장항 지구를 테크노포트로 발전시키고, 군산과 부안의 가운데 새만금 운하도시를 세우고 싶었습니다.

김광수 큰 꿈을 안고 시작한 만큼 미련이 많이 남으셨겠습니다.

곽영훈 그래도 괜찮습니다. 어떻게 만사가 제 뜻대로만 이루어지겠습니까. 사람 일이 다 그런 것 아니겠습니까.

대통령을 '이용'해 만든
제주도 관광 코스

620사업의 확장판,
제주도 지역종합계획

곽영훈　남해권은 이제 제주도만 남았군요. 제주도 지역종합계획
을 설명하려면, 620사업으로 거슬러 올라가야 합니다.

김광수　김재익 수석에게 홀로 불려가 은밀하게 지시받았던 유사
시에 대비한 국토종합개발계획 말씀이시지요?

곽영훈　네, 맞습니다. 제주도 지역종합계획은 1982년 김 수석이
10억 원의 예산을 지원해주셔서 사람과환경그룹과 국토
연구원이 공동으로 추진했습니다.

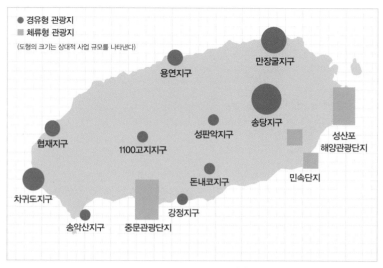

▲ 둘레길의 기초가 된 제주도 관광종합계획

제주도 내 관광자원을 평가해 용연, 만장굴, 송당, 성판악,
돈내코, 강정, 1100고지, 송악산, 차귀도, 협재 등 10여 개
지구를 선정해 지구별 마스터플랜을 만들었습니다.

김광수　요즘 관광객들이 즐겨 찾는 둘레길 코스와 겹치는군요.

곽영훈　그렇습니다. 사실상 620사업이 제주도 관광 코스의 뼈대
를 만들었지요. 특유의 깨끗한 자연 풍광과 따뜻한 기후
조건을 살려 제주도를 우리나라를 대표하는 휴양지로 발

전시키는 것을 목표로 삼았습니다.

현실 정치를
뛰어넘을 것

김광수 대전부터 제주도까지. 620사업의 영향력이 정말 막대한 것 같습니다. 전두환 정권 밑에서 그런 큰 프로젝트를 하시느라 마음고생이 심하셨겠습니다. 앞서 박사님께서 특정 정권이 아니라 나라의 미래를 위해 최선을 다했을 뿐이라고 하신 말씀이 생각납니다.

곽영훈 특정 정권에 몸담고 일하면 저는 그 정권의 배를 탄 사람이 됩니다. 그러면 정권이 바뀔 때마다, 진행 중인 프로젝트를 할 수 없게 됩니다. 현실 정치로부터 자유로워야 정권이 교체되어도 정치적 소용돌이에 휘말리지 않고 저의 일을 할 수 있습니다. 대규모의 장기 프로젝트를 끝까지 마무리하기 위해서는 진영논리를 뛰어넘어야 합니다.

김광수 사실 박사님의 이력만을 두고 보면, 박사님께서 주로 보수정권 밑에서 일했다는 인상이 듭니다. 이는 우리나라 현대사에서 보수정권의 집권 기간이 그만큼 길었다는 방증이 아닐까 싶습니다.

곽영훈 시간이 오래 지난 일화이지만, 박정희 정권 때의 일입니다. 하루는 이태영 변호사께서 저를 찾아와 호통을 치셨습니다. "당신, 어떻게 박정희 밑에서 일하는 거야? 왜 독재자에게 부역질을 해?"

저는 웃으며 대답했습니다. "박정희 대통령을 위해서 일하는 게 아니라, 박정희 대통령을 이용하는 것입니다."

이태영 변호사는 잠시 생각에 잠기는 듯하더니 큰 소리로 말했습니다. "내가 졌어!"

저는 제가 지난 50년간 현실 정치로부터 자유로워지려 노력하며 여덟 대통령의 힘을 잘 활용했다고 생각합니다.

김광수 그런데 박사님은 능력을 인정받은 인재이시니만큼 정권에 상관없이 정부 요직 제안을 많이 받으셨을 듯한데요.

곽영훈 몇 번 제안이 들어왔지요. 하지만 전부 거절했습니다. 정부에서 손짓할 때 저는 그들의 항공모함 대신 국민의 쪽

배를 타겠다고 이야기했습니다.

'국민 속에서 정책의 씨앗을 심고, 국민과 함께 그 싹을 틔우고, 정책의 열매는 모든 국민에게 돌아가도록 해야 한다In the People, With the People, To the People!'

이것이 저의 신조입니다.

6

희망의 문을 두드리다

: DMZ 및 북한권 프로젝트

DMZ를
남북평화의 출발점으로

이 땅 위에
다시는 전쟁이 없기를

김광수 대화를 하다 보니, 박사님의 일과 삶을 관통하는 키워드를 알 수 있었는데요. 바로 '국가발전' '사람' '환경' '평화'입니다. 한국전쟁의 참상에 대한 기억이 가슴속 깊이 박혀 있으시다 보니 특히 한반도의 평화를 간절히 염원하시는 것 같습니다.

곽영훈 키워드를 잘 뽑아주셨네요. 맞습니다. 한반도 평화와 남북통일은 제 평생의 소원입니다.

교수님, 혹시 북한 원산항에서 미국의 정보수집함이 나포

당했던 사건을 기억하시나요?

김광수 1968년 1월에 일어난 푸에블로호 납치사건 말씀이십니까? 북한 특수부대원들이 박정희 대통령 암살을 목표로 청와대 부근까지 침투한 1·21사건이 일어난 지 불과 이틀 만에 터진 충격적인 사건이었지요. 서울 한복판에서는 무장 공비가 붙잡히고, 동해에서는 북한군이 미 해군 함정을 붙잡고 있고…. 당장 전쟁이 일어나도 이상하지 않을 분위기였습니다.
그런데 왜 갑자기 푸에블로호 납치사건 이야기를 꺼내시는지요? 그때 박사님은 MIT 재학 중이지 않으셨습니까?

곽영훈 그렇습니다.
당시 미국의 여론은 한반도에 핵폭탄을 투하하라는 쪽으로 완전히 기울었습니다. 저는 어떻게든 핵전쟁을 막고 싶었습니다. 그래서 미국적십자사 국장에게 연락해 미국 국무장관을 만나게 해달라고 부탁했습니다. 그분의 주선으로 워싱턴 국무성에서 러스크 장관과 짧게 대화할 기회를 얻었습니다.
"미국 국민들이 평양과 원산에 핵폭탄을 떨어뜨리길 원

▲ 러스크 국무장관을 만나 한반도에서 전쟁을 일으키지 말아달라 간청하고 있는 20대의 곽영훈 박사

한다는 사실을 신문을 통해 잘 알고 있습니다. 물론 미국 정부가 그렇게 위험한 결정을 하리라고 생각하지는 않습니다. 하지만 한국인인 나로서는 너무 걱정되어 보스턴에서 이곳까지 찾아왔습니다. 한반도에서 다시 전쟁이 발발하는 것은 상상도 하기 싫습니다."

러스크 장관은 빙긋 웃으며 대답했습니다. "젊은이, 보스턴으로 돌아가세요. 우리는 폭격하지 않을 것입니다. 걱정하지 마세요. 한국의 미래를 위해 열심히 공부하세요."

미국 정부는 정말로 북한에 핵폭탄을 투하하지 않았고, 푸에블로호 사건은 그해 연말 미국과 북한이 협상에 성공하면서 큰 충돌 없이 마무리되었습니다.

김광수 유학생 신분으로 미국 국무장관을 찾아가 전쟁을 하지 말아달라 요청하다니, 겁이 없어도 보통 없는 게 아닙니다.

곽영훈 지금 돌이켜보면 제가 좀 당돌했다고나 할까요? 아무튼 제가 겁은 별로 없었던 것 같습니다.

김광수 박사님은 원하는 일을 이루기 위해서라면 용궁에라도 가실 분입니다.

곽영훈 대의를 위해서라면 저승사자도 만날 것입니다.

김광수 (웃음) 간이 참 크신 분입니다.

평생의 꿈,
DMZ 평화시

김광수　이제 다시 박사님의 어린 시절 꿈 이야기로 돌아오겠습니
다. 중학생 때 DMZ에 평화시를 만들기로 마음먹으셨다
고 하셨지요?

곽영훈　그렇습니다. '남북을 곧바로 합치는 것이 어려운 일이라
면, 우선 평화가 보장되는 시험적인 공간을 마련해 이산
가족뿐 아니라 세계인이 함께 어우러져 통일을 향해 한
걸음씩 나아가도록 하면 어떨까?' 하고 생각했지요.
그 꿈을 너무 오래 묵혀두고 있어서 늘 마음에 걸렸는데,
1988년 드디어 꿈에 다가갈 기회가 왔습니다.

김광수　1958년 DMZ 평화시를 처음 구상하셨으니, 정확히 30년
만에 찾아온 기회군요. 그것이 무엇이었습니까?

곽영훈　DMZ를 따라 '평화공원'과 서부, 중부, 동부 총 3곳의 '평
화시'를 건설하는 프로젝트에 참여하게 된 것이었습니다.
서울올림픽을 앞두고 북한의 참여를 이끌어내기 위해 기

획된 프로젝트였지요.

저는 임진강과 한강이 만나는 지역, 철의 삼각지(철원-평강-김화), 그리고 금강산·설악산 지역의 '평화시' 조감도를 만들었습니다. 1988년 10월 19일 유엔 총회에서 노태우 대통령은 제가 만든 조감도를 바탕으로 'DMZ 근처에 평화시를 지을 수 있다.'라고 연설했습니다.

김광수 유엔 총회에서 DMZ 평화시 계획이 공식 발표된 것이군요. 감격스러우셨겠습니다.

곽영훈 그 후에도 1990년 〈남북 간 평화구역 설정을 위한 광역개발 기본 구상〉이라는 보고서를 작성해 통일원(현 통일부)에 제출했습니다.

해외 언론도 DMZ 계획에 관심을 보였는데요. 〈파 이스턴 이코노믹 리뷰Far Eastern Economic Review〉는 1990년 'DMZ 개발Gentrifying the DMZ'이라는 제목으로 저의 DMZ 평화시 개념을 소개했고, 1995년 프랑스 주간지 〈쿠리에 앵테르나시오날Courrier International〉은 DMZ 평화시를 21세기 프런티어 도시 중 하나로 소개했습니다.

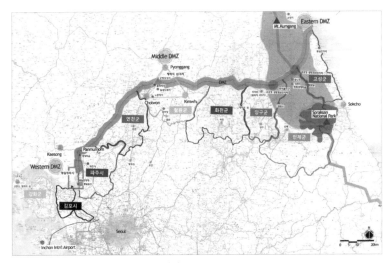

▲ DMZ 평화공원과 동부·중부·서부 평화시

▲ DMZ 평화시를 21세기 프런티어 도시 중 하나로 소개한 〈쿠리에 앵테르나시오날〉 기사(1995)

곽영훈 그러나 DMZ 평화시 건설은 그 뒤로 별다른 진전을 보이지 못했습니다. 2001년 개인적으로 스톡홀름에 찾아가 스웨덴 정부와 협의를 해보고, 코피 아난 유엔 사무총장에게 협조를 구하기도 했지만 허사였습니다.

2003년 5월 노무현 대통령의 유엔 본부 방문에 동행했을 때도 유엔 본부에서 모리스 스트롱 유엔 사무차장과 유엔 개발계획United Nations Development Program(UNDP) 동북아 담당국장 네이툰에게 DMZ 평화시에 대해 브리핑했습니다. 정말 감사하게도 스트롱 사무차장이 제게 도움의 손길을 뻗어 북한 정부에 DMZ 평화시에 대한 의견을 묻고, 〈DMZ 평화시 건설을 위한 긴급 호소문〉을 전 세계에 발송해주셨으나 별 소득이 없었습니다.

김광수 DMZ 세계시를 향한 사람들의 관심이 꾸준히 이어졌으면 좋았을 텐데….

곽영훈 그래도 스트롱 사무차장처럼 제 목소리에 귀 기울여주시는 분들이 계셔서, 희망이 전혀 없지는 않다고 생각했습니다.

김광수　앞서 박사님께서 함께 꾸는 몽상은 몽상이 아니라고 이야기하셨지요. 언젠가는 꼭 이루어진다고요. 아직 때를 못 만났을 뿐, DMZ 평화시는 꼭 건설될 것입니다.

곽영훈　네, 그날이 오면 한반도에도 봄이 오겠지요.

경계선을 넘은
소 떼

김광수　DMZ 평화시 건설이라는 꿈이 말해주듯이, 박사님의 말씀과 행보에는 언제나 평화를 향한 염원이 서려 있습니다. 1992년 한중수교가 맺어진 이후에는 재중 동포들에게 100마리 소를 보내셨다는데 어떻게 소를 보냈지요?

곽영훈　직접 소를 보낸 것은 아니었습니다. 지린성 옌지에서 1시간 30분 정도의 거리에 있는 장항촌에 소 100마리 가격에 해당하는 500만 원을 부쳤지요. 그곳은 옥수수 농사 외에는 수입원이 따로 없는 곳이었습니다.

김광수 정주영 현대그룹 명예회장이 1001마리 소 떼를 몰고 휴전선을 넘은 일이 생각납니다. 혹시 박사님이 장항에 소 100마리를 보낸 것을 정 회장이 패러디하신 것 아닙니까?

곽영훈 (웃음) 정 회장을 만났을 때 장항촌에 소 100마리를 기증한 일화를 말씀드렸더니, 정 회장이 특유의 미소를 지으며 말했습니다. "곽 교수는 이상주의자야."

제가 답했습니다. "아닙니다. 저는 이상주의적 현실주의자입니다. 현실주의적 이상주의자이기도 하고요."

이 말을 듣고 정 회장은 웃으며 말했습니다. "아이고, 알았어요. 여하튼 복잡 단순해."

그 후 1998년 정주영 회장은 6월 1차 방북 때 500마리, 10월 2차 방북 때 501마리를 합쳐 총 1001마리를 몰고 휴전선을 넘으셨지요.

김광수 정 회장은 이북 출신으로 17세 때 부친이 소 한 마리를 판 돈 70원을 훔쳐 서울로 왔는데, 그때의 빚을 갚는 마음으로 1000마리에 1마리를 더 보탠 것이라고 말씀하셨습니다.

곽영훈   1마리는 원금, 1000마리는 이자인 셈이지요.

정 회장의 소 떼 방북 사건 덕분에 1988년 DMZ 평화시 동부 지역 금강산 개발이 북한과 합의되었습니다. 그러고 보면, 제 DMZ 평화시 계획이 아예 실현되지 않은 건 아니었군요.

한국 대표로 참여한
두만강과 백두산 개발 프로젝트

두만강 개발계획,
국제연합도시를 꿈꾸다

김광수 박사님의 한반도 개발계획에는 북한과 인접한 두만강도 포함되어 있습니다. 두만강 하구는 유라시아와 동해권을 연결하는 교통의 요충지임에도 불구하고 우리에게는 아주 멀게 느껴지는 곳인데요. 어떻게 두만강개발계획Tumen River Area Development Programme(TRADP)에 참여하게 되셨나요?

곽영훈 1988년 서울올림픽 이후 '철의 장막'과 '죽의 장막'이 걷히자 연구자들 사이에서 두만강 개발계획에 대한 비전이

언급되기 시작했습니다.

중국, 북한, 러시아 3국의 국경이 맞닿는 두만강 하구 지역 개발 논의가 특히 활기를 띠었습니다. UNDP가 이곳을 동북아 지역 사업 대상으로 눈여겨보고 있었는데요. 1991년 7월 UNDP 회의에서 중국, 한국, 북한, 몽골이 두만강 유역 개발 사업에 합의했습니다. 그리고 접경국으로서 러시아가 준회원국으로 있다가 1992년 10월 정회원국으로 참가하게 되었습니다.

1991년 10월 평양 예비회의에서 향후 18개월 동안 투자 전 단계에서 해야 할 일을 논의하고 정부 간 협의체로 계획관리위원회를 설립해 TRADP의 진로를 계속 검토해나가기로 했습니다. 저도 UNDP 수석 건축·계획가 및 고위자문관 신분으로 평양 회의에 참석했습니다.

김광수 박사님께서 야심 찬 제안을 하셨을 것 같습니다.

곽영훈 저는 1992년 두만강 소삼각주 경제지구에 국제연합도시 DRTDistrict of Respect and Trust를 건설하자고 제안했습니다. 중국, 북한, 러시아가 접경지대의 땅을 유엔에 빌려주는 방식으로 부지를 마련하고 국적 없는 도시를 만들면 그곳이 무역의 중심지로 성장하리라 판단했습니다.

백두산이냐, 장백산이냐?
백두산 관광종합계획

곽영훈 1998년에는 중국의 옌지, 창춘, 베이징에서 개최된 UNDP의 백두산관광종합계획Environment Friendly Development for Mt. Baekdu/Changbaishan Project 회의에 참석했습니다. 중국 측 대표와 '백두산이냐, 장백산이냐?' 명칭을 두고 실랑이를 펼친 끝에 백두산과 장백산을 혼용하기로 결정했습니다.

김광수 나라의 자존심을 걸고 맞붙으셨군요.

곽영훈 관광종합계획을 짜는 것보다 산 이름을 정하는 게 더 어려웠습니다.

이상과 현실의 사이에서

: 도시환경 설계에 대한 생각

도시를 짓는 사람에게
필요한 철학과 전략

도시를 지을 때 고려하는
인문학적 요소들

김광수 박사님의 말씀을 듣다 보니까, 도시환경을 조성하기에 앞
서 그 마스터플랜을 짜는 사람들의 머릿속에 올바른 인문
학적 사고방식을 구축해야 한다는 생각이 들었습니다. 도
시환경 설계·건축은 그 지역의 지형뿐 아니라 사회, 문
화, 정치, 경제, 교육 시스템 등 모든 요소를 고려해야 하
는 고차원의 작업이기 때문입니다.

박사님은 어떤 인문학적 정신으로 도시환경을 설계해야
한다고 생각하십니까?

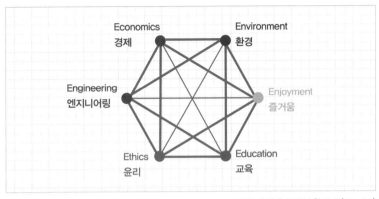

▲ 도시설계 시 추구해야 할 요소(1E + 5E)

곽영훈 도시환경을 조성할 때 경제적 목적을 최우선시하는 경우
가 대부분인데, 그래서는 안 됩니다. 경제 외에 환경, 즐
거움, 교육, 윤리, 엔지니어링까지 개선할 수 있는 방향
으로 나아가야 합니다. 저는 이 5가지 목표(Environment,
Enjoyment, Education, Ethics, Engineering)의 영문 앞 자를 따
서 '5E 요소'라고 부릅니다. 5E 요소를 염두에 두고서 아
래 4단계 과정을 거쳐 도시를 건설해야 합니다.

1. 기본 구상Schematics

2. 설계Design development

3. 실시 설계Working drawing/Construction document

4. 건설 및 감리Construction and supervision

어떤 도시를 만들고 싶은지 개략적인 구상을 하고, 구상을 구체화하여 설계도를 그리고, 공사에 필요한 도면을 만들고, 건설을 진행하고 그 현장을 감리하는 것이죠.

저는 여기에 '관리'를 추가해 5단계 과정을 거쳐야 한다고 생각합니다. 각 과정을 원활하게 진행하기 위해 무엇을 준비해야 할지 미리 생각하고, 각 과정을 진행하면서 깨달은 지혜를 기록하고 다음번에 적용하는 것을 저는 관리라고 부릅니다.

제가 건축가로 일을 시작한 1970년대에는 우리나라에 도시환경 설계·건축이라는 개념이 보편화되지 않았습니다. 기본 구상과 감리 없이, 설계도를 그리고 건물을 올리면 그걸로 끝이더라고요. 초기 구상 단계에서의 중요한 인문학적 사고를 생략하고 말입니다. 공사장으로 바로 가서 그냥 공사를 해버려요. 머리도 발도 없이 몸통만 가지고 덤비는 거지요.

유명무실하던 감리제도는 어찌어찌 활성화했습니다만, 인문학적 사고에 기반한 기본 구상은 제도화하기 어려웠습니다.

도시환경 건축·설계는 지리, 사회, 문화, 공학, 미학 등을 융합하는 인류문명의 결정체입니다. 문명이 도시를 만들

고 도시는 문명을 담지요. 도시 자체가 문명입니다. 그리
고 도시는 삶터입니다. 일터이고, 배움터이고, 놀이터이
고, 쉼터입니다. 그래서 도시를 설계할 때 기본적으로 그
지역의 환경에 맞춰야 하고, 그러기 위해서는 인문학적
사고가 꼭 필요합니다.

김광수 잠깐! '환경'이라는 단어가 모호하게 들립니다. 박사님께
서 말씀하시는 환경이 구체적으로 무엇을 가리키는지 설
명해주시겠습니까?

곽영훈 '환경'이라고 하면 흔히 '자연환경'만을 떠올리게 마련인
데, 아닙니다. 환경이란 나를 둘러싼 모든 것입니다. 나 이
외의 모든 것이 환경입니다. 그러니 지구상 어디에도 같은
곳은 없습니다. 모든 도시는 다르게 만들어져야 합니다.
환경은 크게 5가지로 구분할 수 있습니다.

1. 건물과 구조물들이 들어가는 공간·물리적 환경
2. 사람들이 일하고 생활하는 경제·사회적 환경
3. 눈에 보이는 미학·시각적 환경
4. 세월이 깃드는 역사·문화적 환경
5. 숲, 강, 산이 담기는 자연·생태적 환경

위 5가지 환경과 함께 다음의 4가지 인문학적 가치를 고려해야 합니다.

1. 제다움: 고유한 개성

2. 어울림: 주변 환경과의 조화

3. 오래감: 지속 가능성

4. 올곧음: 정도正道

4가지 인문학적 가치를 5가지 환경 각각에 적용하면, 도시설계 과정에 스며들어야 할 인문학적 정신이 4 곱하기 5로 총 20가지가 됩니다.

김광수 도시 하나, 건물 하나를 설계할 때마다 인문학적 가치 20가지를 고려해야 한다니 만만치 않은 일이겠습니다. 대학 건축과 학생들은 윤리학을 포함한 인문학 과목들을 반드시 공부해야겠다는 생각이 드네요.

문득 롱펠로의 시가 생각납니다.

"옛날 옛적 집 지을 때에

목수들은 지극한 정성을 다했다네

아주 작은 데는 물론 안 보이는 데까지

사방에 신들이 있기 때문에"

옛날 목수들은 신들의 눈을 의식해, 인간의 눈에 보이지

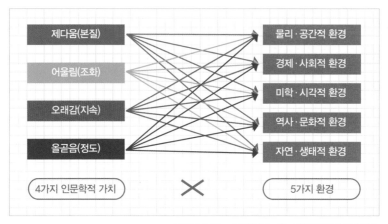

▲ 도시설계 시 고려해야 하는 20가지 인문학적 생각 요소

않는 곳까지 세세하게 정성을 다했다는 것입니다. 신들이 보고 있지 않으면 어떻게 해야 할까요? 그래도 정성을 다해야 합니다. 자기 안의 양심을 지켜야 합니다. 그러자면 끝없는 고뇌가 따릅니다.

박사님은 롱펠로가 노래한 목수의 도리를 자기만의 언어로 표현하고 계신 것 같습니다.

곽영훈 사실 인문학은 건축학도는 물론 모든 학생이 공부해야 하지요. 인문학은 인간의 도리와 존엄성을 성찰하게 하지 않습니까. 지금 우리나라는 경제적으로는 선진국입니다. 하지만 정신 수준은 경제 수준을 못 따라가고 있는 듯합니다. 오늘날 인문학과 기초과학 분야의 학과들이 '취업이나 일 상생활에 도움이 안 된다.'라는 이유로 대학에서 퇴출당 하고 있는데, 이래서는 우리나라가 진정한 의미의 선진국 이 될 수 없습니다.

비전의
실행 전략

김광수 한 프로젝트가 5가지 목표와 20가지 인문학적 정신에 따라 구상되어도 계획을 실행에 옮기지 못한다면 모두 헛수고 아닙니까? 구체적인 실행 전략이 필요할 것 같습니다.

곽영훈 당연하지요. 저는 우리나라 발전을 위한 정책과 계획을 추진할 때 4가지 전략을 사용했습니다.

1. 계획의 당위성으로 최고 의사결정권자를 설득합니다.

2. 정부 주도 공공정책의 경우, 관료주의의 생리를 이해하고 이용합니다.

3. 사회 분위기를 잘 파악합니다. 예를 들어, 지난 세기

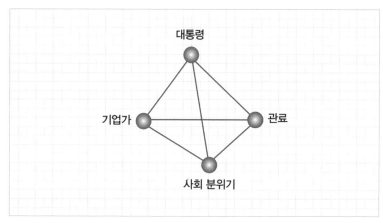

▲ 비전의 실행 전략

우리 사회를 지배한 시대정신은 '빨리빨리' 정신이었
습니다.

4. 기업가의 구미를 당기도록 합니다. 기업가가 '이게 사
   업이 되겠구나!'라고 느끼고 사업에 뛰어들도록 유도
   해야 합니다.

이렇게 최소 4가지를 고려해 정치가, 행정가, 기업가, 일반
시민의 마음을 사로잡으면 계획의 실행에 가속이 붙습니다.

김광수 비전을 실현시키고 싶다면 제일 먼저 이해관계자들의 심
리를 읽어야겠군요.

곽영훈 그렇습니다. 사실 이 정책 수립과 실행 개념은 1969년 하버드 케네디스쿨이 생기기 전에 나온 이론이었습니다. 리처드 뉴스텟트 학장과 그레이엄 앨리슨 교수, 존스타인 부르너 교수, 그리고 제가 함께 개발한 '정책 실현의 개념 체계Policy implementation conceptual framework'입니다.

우리나라의 경우 이러한 전략의 장점은 일단 일이 '빨리 빨리' 진행된다는 것이겠지요. 의사결정권자나 관료들은 임기 중에 가능한 한 많은 업적을 쌓고 싶어 하므로 사업이 빠르게 진행될수록 만족스러워합니다. 기업인과 시민들도 적은 시간 동안 많은 이윤과 혜택을 얻을 수 있으니 당연히 적극적으로 협조할 것이겠고요.

김광수 단점은 없습니까?

곽영훈 단기간에 전력 질주를 하다 보니 '디테일'이 무시되고 작업 과정이 굉장히 거칠어진다는 것입니다. 또 하나, 사실 이것이 가장 안타까운 일인데요. 개발과 자연·문화 보존이 자주 충돌했다는 것입니다. 지난 정권들은 한결같이 보존보다는 개발을 우선시했지요.

우리나라 도시건축의
안타까운 현실

비인간적 도시의
시대

곽영훈 저는 요즘 한국식 도시 건설과 주거 모델에 대해 걱정이
많습니다. 주변 자연과 도시 형태와 공간을 전혀 고려하
지 않고 고층으로만 짓고 있어요. 그런 고층 건물들은 공
간과 사람의 크기를 비교하는 인간 척도Human scale에 도
무지 맞지 않습니다. 한마디로 비인간적입니다.

우리나라 아파트는 겉모양이 획일적인 것도 문제지만, 아
파트 평수로 거주자의 사회적·경제적 지위를 평가하는
풍토가 조성되었다는 점이 특히 문제입니다.

김광수   맞습니다. '나는 20평에 사는데, 저 사람은 나보다 잘나서 60평에 사는구나!' 이런 생각을 하게 만들지요.

곽영훈   우리나라에서 부동산은 축재 수단이 되었고, 건설업자들도 돈벌이를 가장 중요하게 여깁니다. 유감스럽게도 그렇습니다. 주택난을 해소하겠다고 20가지 인문학적 요소를 무시하고 용적률만 높인 아파트 덩어리들을 여기저기 마구 지으니 탈이 났습니다. 정치가들은 선거 때만 되면 녹지, 농지 할 것 없이 아파트를 짓겠다는 공약을 남발합니다. 이렇게 정치꾼, 장사꾼, 투기꾼들이 합심하여 난개발과 막개발에 앞장서고 있습니다. 경제적 이익만을 목적으로 하면, 추한 도시가 될 수밖에 없습니다.

그렇지만 더 큰 문제는 한꺼번에 마구 짓다 보니 50년쯤 후에는 한꺼번에 부숴야 하는 상황이 온다는 것입니다. 그러면 오랫동안 건물 안에 쌓인 문화들도 함께 없어져 버립니다. 정말 무서운 일이지요.

얼마 전 한국에 주재하고 있는 유럽 출신 대사와 관저에서 대화를 나눈 적이 있는데, 그가 이렇게 말하더군요. "대전에 가도, 대구에 가도, 도시 이미지가 다 거기서 거기입니다. 자기 색깔이란 게 전혀 없습니다. 그 지역의 환경적 특성을 전혀 생각하지 않고 무조건 양적으로 개발해서 그런 것 아닌가 싶습니다. 당신이 대한민국의 도시들을 계획했다던데, 어떻게 된 것입니까?"

그러더니 대사는 제게 알레포를 보러 가자고 하더군요. 알레포는 시리아 북방의 오래된 도시로, 최근 시리아 내전의 여파로 파손된 곳입니다. 대사관저에서 알레포를 보러 가자니 무슨 뚱딴지같은 소리인가 했습니다.

대사는 저를 관저 2층 침실로 데려가더군요. 그러고는 창밖을 가리키는 것이었어요. 그런데 세상에나, 창밖으로 보이는 모습이 전쟁터도 그런 전쟁터가 없었습니다. 서대문로 근처의 집들이 전부 폐허가 되어 있었습니다. 아파트촌으로의 재개발이 결정된 부지였습니다.

그 순간 한국전쟁 때 봤던 쑥대밭이 떠오르더군요. 대사는 그 모습을 보고 파손된 도시 알레포를 떠올렸던 거예요. 대사는 왜 당신은 이 사태를 막지 못하느냐고 한탄하더군요. 할 말이 없었습니다.

김광수 전국 곳곳에서 그런 일이 벌어지고 있으니 더욱 안타깝습니다.

곽영훈 삶터는 지었다가 부숴버려도 되는, 생명 없는 레고 블록 덩어리가 아닙니다. 사람의 애환과 추억의 흔적은 함부로 없애는 게 아닙니다. 유럽의 도시가 아름다워 보이는 건 세월의 유산이 있기 때문입니다. 거기에 사는 사람들이 오랜 시간 동안 직접 집에 페인트를 칠하고 조금씩 고쳐 가면서 세월의 흔적을 덧입힌 것이지요. 시간과의 함수관계 없이 아름다워지는 도시는 없습니다.

이탈리아 시에나에 가보면 미켈란젤로가 설계한 캄포광장이 있습니다. 조개껍데기 모양으로 건물이 둘러싸고 있는 열린 공간이지요. 캄포광장은 땅이 약간 경사져 있지요. 우리나라라면 어땠을까 생각해봤습니다. 경사진 땅을 불도저로 밀어 평평하게 만들지 않았을까 싶더군요.

저는 서울의 남산 동쪽 일대가 시에나보다 더 아름답게 될 수 있을 줄 알았습니다. 그런데 주변을 죄다 갈아엎으면서 남산타운아파트를 때려 지었습니다. "때려 지었다."라는 표현이 지나치지 않을 겁니다. 그 일대 다산로에는 전혀 햇볕이 들지 않는 곳도 생겼죠. 남산의 제 모습을 찾자고 1994년에 남산외인아파트를 허물었는데 더 심한 괴물단지가 태어났습니다.

녹지축을
살려라

곽영훈 제가 맨 처음에 생각한 녹지축과 활성축은 그런 게 아니었습니다. 애초의 계획 취지가 뭉개지면서 보존해야 할 녹지축이 마구잡이로 훼손되었어요. 논두렁, 밭두렁, 산허리를 마구 자르면서 막개발, 난개발을 했습니다. 이는 다음 세대에 큰 부담으로 다가올 겁니다.

김광수 멀리 내다보고 그만 멈춰야 하는데, 답답합니다.

곽영훈 한반도는 백두대간으로 녹지가 연결되어 있습니다. 백두산에서 개마고원으로, 금강산에서 설악산으로, 오대산에서 태백산맥으로, 지리산에서 월출산으로 녹지축이 남해안까지 흘러갑니다. 산맥과 산맥 사이에 흐르는 강맥을 그대로 살려야 하는데, 자꾸 길을 내어서 이 흐름을 끊어버리고 있습니다. 활성축의 급소라 할 수 있는 서울, 대전, 여수 도심 안에서도 백두대간 녹지의 흐름은 이어져야 하는데 말이지요.

서울을 예로 들면, 청계천뿐 아니라 만초천도 빨리 살려

내야 합니다. 그리고 중랑천, 안양천, 탄천, 수색천 등이 모두 살아나야 합니다. 그 지류들 간에는 위계질서가 있습니다. 이런 위계를 잘 살려가며 국토개발과 도시계획을 하자고 했는데, 안타깝게도 저의 설계도가 많이 훼손되었어요.

백두대간의 맥을 전부 살리면 사람들이 남쪽의 월출산에서 북쪽의 백두산까지 걸어서 갈 수 있습니다. 서울만 하더라도 파리나 뉴욕보다 자연환경이 월등히 좋은 것을 모두가 알지 않나요? 문밖에 나가면 지척에 동산들이에요. 그런데 그 예쁜 산들을 자꾸 잘라버리고 있습니다. 농토마저 아파트로 둔갑하여 사라지고 있습니다.

김광수　박사님의 말씀을 듣다 보니까, 집을 짓는 데도 거시적인 안목이 필요하다는 생각이 듭니다.

곽영훈　그렇습니다. 도시는 단지 건물들의 집합이 아닙니다. 주민들이 도시 안에 갇혀 사는 것이 아니라, 도시 밖과 끊임없이 소통하며 살 수 있어야 합니다. 그래서 도시를 건설하기 위해서는 도시 밖을 살펴야 하고, 도시 밖의 나라 전체를 살펴야 하고, 나라 밖의 세계도 살펴야 하는 것입니다.

환경의 중요성을 강조하기 위해서 하는 말입니다. 왜 '우주'가 '집 우宇' '집 주宙'이겠습니까? 집이 모여서 마을이 되고, 마을이 모여 도시가 이루어집니다. 평균적으로 도시의 반쯤이 주거 면적이고 집들입니다.

도시에 사는 인구가 세계인구의 반을 넘어버렸고, 이제 세계는 도시 간 연결로만 돌아가니까, 세계를 보지 않고 집을 짓는다는 것은 딱한 일입니다.

도시는 문명을
담는 그릇

김광수 박사님, "도시는 선이다."라는 말이 있던데요? 무슨 뜻이지요?

곽영훈 50년도 더 된 얘기죠. 김현옥·양택식 시장을 거쳐 구자춘 서울 시장 때 그런 표현을 많이 썼어요. 구 시장이 직접 그 말씀을 하셨고요. 지하철 2호선을 보고 그렇게 느끼셨던 것 같아요. '도시는 선이다.'라는 문구가 박힌 플래카드가 길거리에 붙어 있기도 했었죠.

제가 "구 시장님, 도시는 선이라는 게 무슨 뜻입니까?"라고 여쭤봤더니 구 시장은 "마포대로도, 강남대로도 넓고 크게 선을 만들어야 하니까."라고 답하셨습니다. 주로 길을 두고 선으로 설명하셨어요. 자동차가 조금씩 늘어나는데, 옛날식 도시는 도로가 넓지 않으니까 지하철 선형이나 도로선이 중요하다는 말씀도 하셨지요.

그러나 도시는 선이기도 하지만 면입니다. 면이기도 하지만 입체이고, 입체이지만 사람이죠. 그러니 도시는 문명을 담는 그릇입니다. 도시설계는 '형태와 공간을 어떻게 만들 것인가?'에 관한 분야이기 때문에 최소한 3차원입니다. 특히 서울은 산이 많아 입체적 지형지세를 갖췄기 때문에 도시설계도 3차원이어야 합니다. 또한 도시는 유기체처럼 성장, 발전, 쇠퇴하므로 4차원, 5차원으로까지 도시설계를 생각하고 도시의 행정과 재정을 관리해야 합니다. 최소 20차원까지 고려해야 제대로 된 도시와 문명이 만들어집니다.

김광수   박사님 말씀에 공감합니다. 이제, 농부들이 파종하기 전에 땅을 뒤집어엎듯이 새로운 바람을 일으켜야 하는 때인 것 같습니다.

그럼에도 다시, 전진

: 다음 세대를 위한 빅픽처

세계시 네트워크를
향하여

국경을 초월한
세계시 네트워크

김광수   박사님께서는 '세계시'라는 단어를 자주 사용하십니다.
가장 대표적인 예는 'DMZ 세계시'인데요. 박사님께서
말씀하시는 세계시란 무엇인가요?

곽영훈   앞으로는 지구촌이 하나의 생활권이 되면서, 국가가 행정
단위로서만 기능하고 국경선이 무의미해지는 시대가 올
것입니다. 도시들은 하나의 네트워크로 연결될 것입니다.
세계시민이 함께 어우러져 사는 평화도시, 초정보화 시대
에 인류문명의 새로운 대안을 제시하는 도시, 저는 이 같

은 도시 모델을 '세계시World city'라고 이름 붙였습니다.

저는 이러한 세계시를 지구촌 곳곳에 만들고, 그 도시를 모두 연결해서 '세계시 네트워크World city network'의 토대를 구축하는 일에 기여하고 싶습니다.

지금까지의 도시화와는 전혀 다른, 새로운 시대에 맞는 도시화를 시도해야 합니다. 문화적으로 세계적이면서도 지방적인 '세방적世方的' 특성을 갖추고, 고유한 자연생태를 보존하는 방식의 도시화가 이뤄지면 좋겠습니다. 제가 꿈꾸는 세계시 네트워크는 그렇게 탄생한 세계시끼리 서로 소통하고 벤치마킹하는 협력망입니다.

세계시의
조건

김광수　세계시는 어떤 조건을 갖춰야 할까요?

곽영훈　세계시는 다음과 같은 특성을 갖출 수 있는 곳이면 좋겠습니다.

1. 교통의 요충지여야 합니다. 물자와 세계시민의 교류가 원활할 수 있으려면 항구와 공항이 있어야겠지요.

2. 두 나라 또는 여러 나라의 접경지대로 개발이 본격화되지 않은 입지라면 새로운 실험에 용이할 것입니다. 접경지대는 특히 법적으로 행정 특구화하기가 좋습니다. 그래서 저는 1988 서울올림픽을 성공적으로 치르고 나서 두만강 하구 소삼각지로 달려갔던 것입니다. 러시아, 중국, 북한의 3개국이 접경한 그곳을 세계시로 만들면 좋겠다고 생각했습니다.

3. 저개발 지대로 지역 주민, 특히 젊은이들이 세계시민의 자질을 갖추도록 하기에 적절한 곳이 좋습니다. 그런 의미에서 아프리카대륙의 잠재력이 큽니다.

4. 지구의 환경과 자연을 살아가면서 느끼고 배울 수 있는 때 묻지 않은 곳들이 적절합니다. 몽골의 고비사막 지역, 알래스카와 베링해협 지역, 적도 부근 열대 지역을 꼽을 수 있겠습니다.

5. 새로운 삶의 대안을 실험할 수 있는 곳입니다. 한반도의 DMZ와 그 인접 지역은 이념의 벽을 허물고 함께 살아가는 지구촌 문명을 시험할 수 있는 곳입니다. 인류의 평화를 위한 대승적인 노력을 담는 그릇으로 좋은 지역

이지요.

김광수　현재 이러한 조건을 갖춘 지역이 있습니까?

곽영훈　세계시로 적합한 곳 예시로, 제가 직접 설계한 이집트 시나이반도의 신도시 STVSinai Technology Valley를 말씀드려 보겠습니다.

시나이반도는 유럽과 아시아, 아프리카를 잇는 지역으로 세계적 교통의 요충지로 성장할 가능성이 큽니다. 면적이 넓고 항구도 5개나 갖췄으며, 이스라엘과 팔레스타인과 접한 지역이기도 합니다. 산과 사막, 해안이 자연 상태로 보존되어 있어서 앞으로 자연환경을 더욱 철저히 보호해야 할 곳입니다.

김광수　우리나라에도 STV처럼 세계시로 개발하기에 적당한 도시가 있는지 궁금합니다.

곽영훈　두만강 지역과 영종도 경기만 지역, 그리고 목포 및 다도해 지역을 유력한 후보지로 보고, 이미 기본 구상을 해놓았습니다. 목포 및 다도해 지역은 1990년 도시계획 연구

작업을 통하여, 두만강 지역은 1993년 UNDP 연구사업을 통하여 세계시 구상을 수립한 바 있습니다.

영종도 지역은 1993년 인천 장기도시발전 구상에 포함되어 있는데 영종, 송도, 청라를 '삼각항Triport'이라는 개념으로 묶어 미국 샌프란시스코와 워싱턴, 네덜란드의 로테르담, 그리고 이탈리아 밀라노의 전문가들과 함께 작업을 해놓았습니다.

영종도는 서울과 인천을 배후도시로 한 도서 지역이며, 지금의 비행기 속도를 기준으로 3시간 거리 이내에 인구 100만 명 이상의 국제도시가 47개나 있다는 지정학적인 이점이 있습니다. 또한 영종도에는 최첨단 시설을 갖춘 아시아 최대 규모의 허브항이 있습니다. 앞으로 국가 계획으로 최첨단 정보통신 시설과 물류단지를 조성하게 되면 세계시의 최적지가 될 것으로 전망됩니다.

도시와 도시를 잇다,
실크로드 시장단 포럼

곽영훈 이미 저의 아이디어에 공감하시는 분들이 생겨 몇몇 도시들에서 세계시 네트워크 구축을 위한 실험이 진행 중입니다. 1987년 평화 올림픽 운동을 위해 결성된 WCO에서 옛 실크로드 도시를 잇는 프로젝트를 기획 및 전개하고 있지요.

김광수 어떤 프로젝트인지 소개해주시겠습니까?

곽영훈 2006년부터 매년 개최하고 있는 실크로드 시장단 포럼Silk Road Mayors Forum(SRMF)인데요. 지금까지 69개국 209개 도시가 참가했습니다. 한 회당 보통 20~30개국 50~80개 도시의 시장, 정부 관료, 기업인, 국제기구 관계자, 시민단체, 대학교수와 대학생이 참여합니다.
'문명 간의 조화' '세계 시민권' '경제와 관광' 등을 주제로 토론을 진행하고, 포럼의 내용과 개최 도시의 주요 이슈를 반영해 'SRMF 선언'을 발표합니다.

김광수 어떻게 이런 대규모 행사가 정기적으로 열리게 된 것인지 그 시작점이 궁금합니다.

곽영훈 서울올림픽 이후 냉전 체제가 해체되면서 유라시아를 동

CHRISTIAN SCIENCE September 18, 2000
$2.50 U.S.

Sentinel

Peace design
for the world

*An interview with Korean
architect and planner
YoungHoon Kwaak*

BY KIM SHIPPEY

YoungHoon Kwaak
at Harvard University

IN THE OLYMPIC *Stadium in Sydney this week is someone whose thoughts will range far beyond the events unfolding in front of him. He is Professor YoungHoon Kwaak, one of Korea's best-known architects, and a key member of the Assembly of Olympeace (the spirit of the Olympics joined with humanity's yearning for peace), which was conceptualized by Professor Kwaak shortly before the Seoul Olympics in 1988. He planned and supervised the redevelopment of the Han River Waterfront, and the construction of Olympic Park, where the cultural events were held in Seoul.*

His goal for Olympeace was to use Olympic occasions as a rallying point for prominent people from many walks of life to keep the spirit of the games alive at all times and to discuss their continuing role as an instrument for world peace. Professor Kwaak had just completed a year of teaching and research on world peace initiatives

▲ 곽영훈 박사를 세계 평화의 디자이너로 소개한 〈크리스천 사이언스 센티넬〉 기사(2000. 9. 18.)